協働型プライベートブランド

―食品小売業におけるプライベートブランドの
進化と消費者購買行動への影響―

神谷 渉

専修大学出版局

はじめに

　プライベートブランド（以降、PB）は、欧州や米国での歴史が長く、日本では1960年代から展開が行われてきた。しかしながら、日本の食品小売業において、ブームとしてのPBは何度か訪れたものの、本格的な定着は2010年代以降ととらえることができる。その契機となったのはセブン＆アイ・ホールディングスによるセブンプレミアムの誕生である。2008年のリーマンショックに端を発する景気後退という時流をとらえたことに加えて、メーカー名を秘匿し低コストで製造できるメーカーに委託する従来型のPBとは異なり、有力メーカーとの共同開発や有力メーカーによる製造を主張した高品質なPBであったことも話題を呼んだ。その後、セブンプレミアムのように有力メーカーとの共同開発を主張するPBがコンビエンスストア、スーパーマーケットを中心に拡大していくことになる。

　このようなPBの展開は、欧米の一般的なPBの展開と比較しても異質なものとなっている。しかしながら、日本におけるPB研究は、従来型のPBと有力メーカーとの共同開発や有力メーカーによる製造を主張したPBを区別することなく、同じように取り扱うか、または区別したとしてもブランドの違いとして取り扱っていることが多い。また、分析の視点も共同ブランド（Co-brand）としてのPBに着目する研究よりも、メーカーのチャネル戦略としてのPBに着目する研究が多いように思われる。

　そこで、本書では、有力メーカーとの共同開発や有力メーカーによる製造を主張したPBを「協働型PB」と名づけ、従来型あるいは欧米型のPBとの区別を試みている。

　まず、協働型PBがどのように位置づけられるのか、PBの発展の歴史を紐解くとともに、既存のPBとの関係を整理することで協働型PBの意義を

提示する。次に、PBに対する消費者の意識から、従来型のPBおよび協働型PBに対する現状を確認し、協働型PBが日本において変革期にある可能性を示す。さらに、これまでの日本における協働型PBの成功要因をPBの成功への貢献度が高いとされる知覚品質に着目し、協働型PBの知覚品質の形成メカニズムの視点から検討を行う。また、協働型PBが供給者であるNBメーカーのNBと競合関係にあるのか補完関係にあるのかを購買履歴データを用いて検証する。これによりNBのブランド戦略の観点からも協働型PBの意義を検討する。最後に、食品表示規制による製造所開示の厳格化の影響について取り上げる。製造所開示の厳格化により、メーカー名等が開示されるようになると、協働型PBの優位性が弱まることが懸念されるためである。

　本書では、補論として、スペインにおけるPBの製造者表示の研究を取り上げる。前述のように協働型PBは欧米では異質なPBであるとしていたが、近年欧州などにおいてパッケージ上でメーカー名を表示するような取り組みも出始めているようである。本書の執筆中と同時期にスペインの研究者らによって関連する研究が発表されているため、本書の各章で得られた知見との類似点、相違点を確認しておくこととする。このようなテーマで新たな研究が出始めていることは、本書において協働型PBを取り上げる意義を補強するものであることを付言しておきたい。

　なお、本書を構成する以下の章は、すでに発表した報告・論文の一部を加筆修正して組み込んだものである。それぞれの初出は次のとおりである。

第5章：神谷渉（2018）「協働型プライベートブランドにおけるナショナルブランドの役割―ナショナルブランドが知覚品質に与える影響―」『論叢　玉川大学経営学部紀要』、29。

第6章：日本商業学会第70回全国研究大会報告。

第7章：神谷渉（2020）「日本におけるプライベートブランド市場拡大の可能性～食品表示法による製造者表示の運用厳格化に着目して」『JSMDレビュー』、4（2）、33-40。

　本書を出版するに至るまで、多くの方々のご指導並びにご支援をいただいた。まず、指導教授の渡辺達朗先生（専修大学商学部教授）には、筆者が公益財団法人流通経済研究所在職中から研究プロジェクトにおいて多大なご指導をいただいており、本研究を志すきっかけを作っていただいた。研究指導においては、研究テーマの設定から研究姿勢や言語能力の向上に至るまで、厳しくも温かいご指導をいただくとともに、国際学会報告の機会などさまざまな形で背中を押していただいた。さまざまな挫折や障害を乗り越え、初志貫徹して本書のベースとなる博士論文提出に至ったのは渡辺先生のご指導によることが大きく、商学部長に就任された多忙な中でご指導いただいたことに心から感謝申し上げたい。

　また、博士論文の副査を務めていただいた石川和男先生（専修大学商学部教授）、奥瀬喜之先生（専修大学商学部教授）には、論文を執筆する課程において多大なるご教授をいただいた。石川先生には、研究テーマや深掘りを行うべき領域を中心としたご指導をいただいた。特に研究テーマについて、近年 PB の研究が少なく面白いテーマではないか、と背中を押していただいたことが、論文提出の大きなモチベーションとなった。奥瀬先生には、定量的な分析手法や研究の進め方などについてご指導をいただき、学会報告や査読論文についても貴重なご助言をいただいた。ご指導がなければ、研究を前進させることは難しく、本論文を完成させることはできなかったはずである。副査の先生方には論文が遅々として進まずにご指導いただくタイミングがギリギリとなってしまうこともあり、ご迷惑をお掛けしたことをお詫び申し上げるとともに、最後まで丁寧にご指導いただいたことに深く御礼申し上げたい。

　商学研究科長の小林守先生（専修大学商学部教授）には、ご多忙の中毎回の論文報告会の場にご出席いただき、毎回的確なコメントをいただいた。専修大学大学院事務室の皆様方には論文提出の際に多大なるご迷惑をおかけしたことをお詫びするとともに、丁寧に確認、指摘を頂いたことに感謝申し上

げたい。

　研究に際してヒアリングにご協力をいただいた方々、研究室の同門の先生方や院生の皆様にも大変お世話になった。公益財団法人流通経済研究所には、共同研究を通じたデータ・成果の共有などの面で多大な協力および配慮をいただいた。また、研究および教育の機会を提供してくれている勤務校の玉川大学経営学部の教職員の皆様にも感謝申し上げたい。

　なお本書は、専修大学大学院商学研究科へ提出した博士論文をベースにして、令和 3 年度専修大学課程博士論文刊行助成を受けて出版されたものである。本書の編集・校正に際しては専修大学出版局の真下恵美子氏に大変お世話になった。御礼を申し上げたい。

目次

第1章　本書の背景と目的

1.1　協働型プライベートブランドを取り巻く背景

　プライベートブランド（以降、PB）は、小売業の品揃えを形成するうえで重要な役割を果たしており、世界的なシェアも若干拡大傾向にある。

　欧米における食品小売業のPBの歴史は長く、すでに小売業の売上の一定の割合はPBによって占められている。図1.1はニールセン社による世界のPB比率を取りまとめたものである。欧州のPBの金額シェアが30％超、米国（北米）のPBの金額シェアは18％弱であるのに対して、アジア地域では

図1.1　世界のPB比率（金額シェア％）

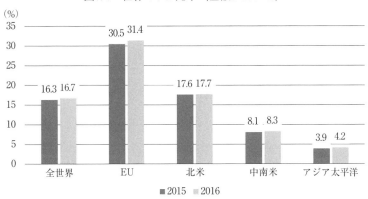

出所：Nielsen（2018）。

4％と非常に低い。日本のPB比率については諸説あるものの、おおむね10％前後と見られる。しかし、これまで大手メーカーのブランド、いわゆるナショナルブランド（以降、NB）信仰が強くPBの品質やブランドに対して懐疑的であったといわれる日本の消費者[1]も確実にPBを受容してきており、日本においても大手小売業のPB販売額は上昇傾向にある。

　なぜ、欧州においてPB比率が高いのかという点についてはさまざまな議論があるが、小売業の上位集中度との関係が指摘されることが多い[2]。上位集中度は、上位の小売業（上位3社または5社とすることが一般的である）の売上が小売業全体の売上に占める割合のことである。上位集中度が上昇することによって、小売業の商品の差別化が求められたことや小売業の購買力が拡大し、製造者側も積極的にPBを受託する環境が整備されたためである。近年日本においてPBが拡大しているのは上位集中度の上昇と無縁ではないだろう。

　PBの拡大については、欧米の後を追っているものの、PBの中身という点では、欧米のPBとは異なる進化を遂げつつある。大きな転機は2007年に誕生したセブン＆アイ・ホールディングスのPBであるセブンプレミアムがメーカーとの共同開発を明示したPBを展開したことである。欧米ではあまり見られないメーカー名をパッケージに記載するPBや共同開発商品であることを明示するPBが食品小売業、とりわけコンビニエンスストア業態において拡大した。また大手メーカーとの共同開発であるがゆえに、PBの品質についても比較的高いことをアピールするケースも多い[3]。このように、日本のPBの進化は世界的に見て特殊であるが、この点に着目した国内の研究は少ない。

1）　宮下（2011）は、PBに対する知覚リスクから「PBへの信頼性の高まりや抵抗感の減少が今日のPB普及の大きな原動力になっている」と指摘している。
2）　根本（1995）、矢作編（2014）など。
3）　たとえば、セブンプレミアムは高品質PBと銘打って誕生した。

　本書では、上記のような大手メーカーとの共同開発を主張し、メーカー名やブランドを表示した PB を協働型 PB と名づけ、従来の PB と区別する。協働型 PB は、小売業の PB である一方で、商品パッケージにメーカーのブランド名やロゴを付与したりするケースや、ロゴなどを明示しない場合でも裏面表示において有力 NB との共同開発であることを表示するケースなどが存在する。なお、従来の PB との違いや類似的な用語との違いなどについての議論は第 3 章で行う。

　図1.2は、協働型 PB に相当する商品の実際のパッケージを撮影したものである。この商品の場合、パッケージのデザインは PB として統一されたものとなっており、PB のロゴなどがパッケージの表面に示されている。一方で、パッケージ表面にはメーカーのロゴも表示されている。裏面表示においては、製造者名が記載されるとともに、メーカーと小売業による共同開発商品であることが明示されている。

図1.2　協働型 PB に相当する PB（ローソンの例）

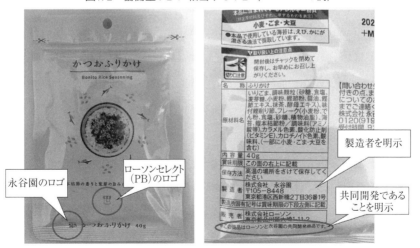

出所：筆者撮影。

3

1.2　研究の目的

　本書では、これまでの PB 研究では主要なテーマとして取り上げられてこられなかったメーカーとの共同開発を主張した協働型 PB に着目する。日本において協働型 PB が拡大することになった要因を、小売業による PB の歴史的な展開と消費者のブランドに対する態度形成の面から明らかにするとともに、協働型 PB が拡大することによる NB への影響について明らかにすることを目的とする。

1.3　研究の対象

　本書における研究の対象は、食品・日用品の商材を取り扱う小売業、すなわち食品スーパーマーケットやコンビニエンスストアなどの食品小売業の PB である。これらの小売業の PB に焦点を当てる理由は、協働型 PB が食品スーパーマーケットやコンビニエンスストアにおいて展開、発展してきたことにある。

　なお、メーカーとの共同開発を主張した PB は、食品小売業以外では家電量販店にわずかに見られる程度である。代表的な例としてエディオンのクオルがある。エディオンは、クオルをメーカーとの共同開発をアピールポイントした PB と主張している。ただし、クオルのブランド名が商品に添付・ラベリングされておらず、その意味では PB というよりも小売業向け専用商品と捉えることができる。衣料品小売業では、多くが製造小売業であり、協働型 PB の概念に当てはまるケースは見られない。素材部分で大手繊維メーカーとの共同開発を行い、その素材をアピールするケースなどは存在するが、これは協働型 PB というよりも第 3 章において紹介する成分ブランディングに近いものと捉えられる。

1.4 研究課題と本書の構成

　本書の研究課題は大別して3つに集約される（図1.3）。第1に協働型PB
は、新たな概念提示であるため、既存のPBの中でどのように位置づけられ
るものなのかを明らかにする必要がある。具体的な課題としては、国内外の
PBの発展過程から協働型PBが従来のPBと、どのように類似し、相違し
ているのかを明らかにすること（研究課題1.1）、また既存のPBや類似概念
との相違点はどのようなものかを明らかにすることである（研究課題1.2）。
さらに、協働型PBにおける協働は製販の協働関係においてどのように位置
づけられるかを明らかにすることである（研究課題1.3）。

　第2の研究課題は、協働型PBがなぜ日本において誕生し拡大したのかを

図1.3　研究課題

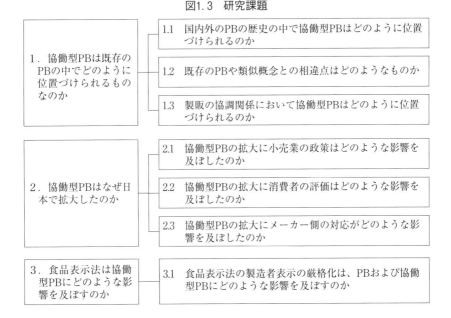

明らかにすることである。具体的には、協働型 PB が誕生し拡大した要因として、小売業の政策的な要因（研究課題2.1）に加えて、協働型 PB に対する消費者の評価（研究課題2.2）や、メーカー側の対応（研究課題2.3）がどのような影響を与えたのかを明らかにすることである。

　第3の研究課題は、食品表示の規制が今後協働型 PB にどのような影響を及ぼすことになるのかを明らかにすることである（研究課題3.1）。従来 PB におけるメーカー名等の表示は、協働型 PB のようにメーカーとの協働を主張する場合を除いて開示されてこなかった。しかしながら、食品表示法の制定によって、製造者の表示が原則化されることとなった。このような表示規制の協働型 PB への影響は小さくないはずである。

　上記の研究課題を踏まえた本書の構成は次のとおりである（図1.4）。

　まず、第2章において国内外の PB の発展過程を整理し、研究課題1.1と研究課題2.1について検討する。

　第3章において PB の定義と協働型 PB の類似概念であるダブルチョップやコ・ブランディングとの相違点を整理し、研究課題1.2について検討する。また、協調関係論における位置づけを確認し、研究課題1.3について検討する。

　第4章では、過去と現在の消費者の PB に対する全般的な意識の変化を確認し、研究課題1.1および2.1について補足的な検討を行う。

　第5章では、協働型 PB の拡大について、既存の PB の成功要因に関する研究をレビューし、消費者の協働型 PB に対する知覚品質の観点から、研究課題2.2について検討する。

　第6章では、メーカーの協働型 PB の受託要因について既存研究を整理し、協働型 PB と NB の競争とカニバリゼーションの観点から、研究課題2.3について検討する。

　第7章では、食品表示法による製造者表示の厳格化の影響について、消費者の意識から検討を行い検討課題3.1について検討する。

図1.4　本書の構成と対応する研究課題

本研究の構成	研究課題
2章　欧米と日本のPBの発展と進化	1.1　国内外のPBの歴史の中で協働型PBはどのように位置づけられるのか
	2.1　協働型PBの拡大に小売業の政策はどのような影響を及ぼしたのか
3章　PBの定義と協働型PBの位置づけ	1.2　既存のPBや類似概念との相違点はどのようなものか
	1.3　製販の協調関係において協働型PBはどのように位置づけられるのか
4章　日本におけるPBと協働型PBに対する消費者の意識変化	2.1　協働型PBの拡大に小売業の政策はどのような影響を及ぼしたのか
5章　協働型PBの成功要因に関する研究	2.2　協働型PBの拡大に消費者の評価はどのような影響を及ぼしたのか
6章　協働型PBとNBの共存と競争	2.3　協働型PBの拡大にメーカー側の対応がどのような影響を及ぼしたのか
7章　食品表示規制が協働型PBに与える影響	3.1　食品表示法の製造者表示の厳格化は、PBおよび協働型PBにどのような影響を及ぼすのか

　第8章では、以上の内容についての総括を行い、小売業およびメーカーへの示唆を提示する。また、本書の成果・意義を確認するとともに、今回取り扱えなかった課題などについて示していく。

　なお、第9章の補論では、最近取り組まれているスペインにおけるPBの製造者表示の研究をレビューし、本書の研究と比較しながら、本研究の意義を確認する。

第2章　欧米と日本の PB の発展と進化

本章では、欧米と日本の PB の発展を概観し、協働型 PB の特殊性と日本において誕生することとなった背景について確認する。本研究では主として食品小売業の PB を対象とするが、本章では PB の歴史に必要となる他分野の PB の状況についても触れる。

2.1　欧米における PB の歴史

2.1.1　欧州における PB

PB の起源には諸説あるが、矢作（1999）では、英国における PB の起源について、1844年英国ロッジデールで最初の店舗を開設した生活協同組合（生協）運動にあったとしている。19世紀後半までに生協は英国において最大規模の小売グループを形成しており、質の良い生活必需品を適切な価格で提供する社会的使命の実現に向けて、ビスケットから靴磨きまで独自に調達した商品に、固有の名称をつけて販売した。これが「Co-op」ブランドの始まりであったという。

その後英国では、同一営業形態の小売店舗を多数展開するチェーンストア（チェーン）[1]が台頭し、加工食品・雑貨分野での売上シェアは1935年までには生協と同様にまでになった。食品チェーンストアにおける PB の始まりは、1869年ロンドンで創業し乳製品や卵を販売していたセインズベリー（Sainsbury's）が、1884年に自社のキッチンでソーセージとパイを作ったのが始まりである[2]。セインズベリーは、加工食品を中心にPBを拡大していったが、本格的な拡大は第二次世界大戦後になる。1950年代複数ブランド名に分かれていたPBのブランド名を店舗名と同じ「セインズベリー」に統一し、ブランドの強化を図る。その結果、1970年度には商品比率が5割を超えることとなった[3]。

　フランスでは、カルフールがブランド名を表示しない低価格低品質型のジェネリック商品を1976年に導入して注目を集める。このPBは、「カルフール」のブランドは一切表記しておらず、非常に簡素なパッケージであった。このような商品が導入された背景には、カルフールとの取引にNBメーカーが躊躇し、必要な商品が必ずしも揃えられなかったことにある。PBの製造は、カルフールの基準を満たした中小企業のメーカーによるものであった。なお、カルフールが自社の名前を冠したPBを導入したのは、1985年のことである。

　カルフールによって導入されたジェネリック商品は、英国でも導入が広がった。ただし、テスコなど導入する企業がある一方で、PBを本格的に展開していたセインズベリーは自社PBプログラムの方針に反するとして、導入には慎重であった。ジェネリックPBは1970年代後半に拡大したものの、1980年代半ばには失速し、結果としてPBの主流となるには至らなかった。

　1970年代後半から80年代にかけては、PBに力を入れないチェーンの存在やNBの価格攻勢などもあって、英国におけるPBとNBの攻防は一進一退という状況であった。

1）　チェーンストアを英国ではマルチプルズと呼んでいる。矢作編（2014）では、マルチプルズを英国での名称、チェーンストアを米国での名称としているが、ここでは日本において一般的な名称であるチェーンストアおよびその略称であるチェーンに名称を統一している。
2）　矢作編（2014）。
3）　矢作（2000）。

図2.1　根本（1995）による PB の発展段階仮説

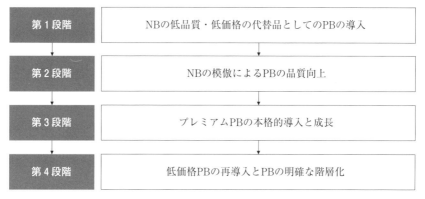

根本（1995）は、英国における1970年代以降の PB 発展過程を次のように整理している（図2.1）。

まず、1970年代を第 1 段階とし、低価格 PB およびジェネリック商品を導入し、低価格での販売と高い粗利益の獲得を目指し実現した時期としている。小売業は NB メーカーに対する交渉力を拡大させたものの、この時期の PB はあくまで NB の低品質・低価格の代替品にとどまるものであったため、NB の反撃等によってパワーダウンをせざるを得ない状況でもあった。

次に1980年代前半を第 2 段階とし、NB の模倣による品質の向上期と位置づけている。PB の対 NB 競争力強化の必要性から、PB のイメージと品質を NB に近づけるようになり、本格的に PB と NB が競合するようになった。

なお、1980年代前半における品質向上の背景として、小売業による積極的な商品開発領域への投資によるところも大きかった。特に商品開発の技術面をメーカーに依存するのではなく、商品研究所を設立し、テクノロジストと呼ばれる専門技術者を自ら抱え込んで、メーカーとの折衝しながら企画を行っている点で特徴的である。矢作（2001）によれば、食品分野では、セインズベリーが1920年代後半に商品研究所を設立し、1985年には130名を超えるテクノロジストを抱えていたという。また、マークス＆スペンサーは、1930

年代から繊維分野での商品研究所を設置しテクノロジストを抱えていたが、食品分野では1948年に商品研究所を設置した。マークス＆スペンサーは、衣料品・食品ともに高い品質管理と研究開発能力を背景にサプライヤーとの緊密な関係を確立し、1970年代には「工場を持たない英国最大の製造業者」と呼ばれるまでになった[4]。

1980年代後半は第3段階として、セインズベリー、マークス＆スペンサーなどの有力小売業が一般的な PB よりも高品質・高価格なプレミアム PB の展開を本格化した時期としている。同時期に小売業の上位集中化も進行した。プレミアム PB は NB の品質をしのぐものであり、NB の低位の代替品という従来の PB の位置づけから脱することに成功したのである。

1990年代前半は第4段階として、アルディなどドイツから参入したディスカウント業態と低価格の海外ブランドへの対抗期であったとしている。大手小売業は PB のプレミアム化を推進してきたが、ディスカウント業態の低価格に対抗するため、低価格 PB の再導入・強化などを実施した。伊部（2007）は、1970年代の発足当初のジェネリック商品と1990年代の低価格 PB の相違点として、製品の品質とパッケージング技術が向上したことを指摘している。特に、コストを最小化することに関しては、製品の品質を低下させることによるものではなく、格安のカテゴリーに特化し、飾りや余分な機能を排除することによって達成したとしている。

なお、ディスカウント業態は大きくソフトディスカウンターとハードディスカウンターに分類することができる。特に成長著しかったのが、ハードディスカウンターであり、ドイツのアルディやリドルが代表的な企業である。

ハードディスカウンターは、商品アイテム数が1400程度で売場面積が1000㎡小型店で、PB 中心の品揃えによって低価格を実現している業態である[5]。

---

4) 戸田（2008）。
5) Ter Braak（2013）などを参照。厳密な定義は存在しないものの、一般的には、ソフトディスカンターは NB の品揃えが多く、店舗面積や取扱商品数も多い。

小型店によるシンプルなオペレーションに加えて、1カテゴリー、1〜2商品に絞り込み、そのほとんどを PB とすることで、効率と購買力を追及し低価格を実現したことが大きな特徴となっている。

　英国では2000年代に入ると、チェーンの大規模化や上位集中化が進むにつれて PB への注目が高まったことと、高品質で低価格な PB を活用して躍進したハードディスカウンターの存在が PB の拡大に貢献した。食品小売市場の上位 3 社を占めるテスコ、アズダ、セインズベリーの合計売上高シェアは、1990年の約35％から2000年には同50％へと急上昇し、2010年には60％まで高まった[6]。とりわけ、1990年代には業界再編成が加速し、上位集中化に拍車がかかった。その結果、大手小売企業の購買力が高まり、PB 商品開発が一気に加速したのである。

　特に2008年のリーマンショックに始まる景気低迷を受け、欧米の消費者は節約・低価格志向を強めた。食品・日用品分野では欧州を中心に低価格の PB に強みをもつハードディスカウンターが一層拡大した。ハードディスカウンターはディスカウント業態の中でもの元祖はドイツのアルディである。アルディが低価格な PB を武器に急速に拡大したため、ドイツではリドルなどアルディのモデルを模倣した業態も拡大した。

　なお、アルディは PB の安さによって急速な拡大を遂げたものの、単に価格のみが支持されたのではない。Steenkamp & Kumar（2009）によれば、2002年から2006年までのドイツの有力な消費者安全団体による消費者テストの結果を分析した調査会社の GfK の報告として、「優れている」「良いと評価された」商品について、NB が全体の74％であったのに対して、アルディの PB は81％であったとしている。彼らはこれらの結果から、アルディの PB を低価格・低品質の PB と位置づけるべきはないとしている。実際にアルディは品質を重視しており、自社の高い要求水準を満たせない取引先とは取

---

6)　矢作編（2014）。

引を行わないことで知られている[7]。

　アルディのPBは品質や価格だけではなくパッケージにも特徴がある。多くのPBでは、小売企業名やブランド名を前面に出すのが一般的であるが、アルディのPBでは、アルディの名前は全面に出さず、ブランド名もカテゴリーや商品によって異なる。また、デザインにも統一したものはなく、商品によってはNBと間違えるパッケージも存在している。このようなパッケージングが、限られた店舗スペースかつ限られた商品の中で、バラエティさを演出することにもつながっていたと考えられる。ただし、近年では健康などをテーマとしたテーマ型PBや高価格帯のブランドなど、カテゴリー横断的なPBも投入しつつある。

　大手小売業は、ハードディスカウンターの台頭に危機感を持ち、2010年ころからPBの刷新を模索することとなった。たとえば、英国のテスコは2012年に従来の低価格PBであるテスコバリュー（Tesco Value）を廃止し、エブリデイバリュー（Everyday Value）に再編、2013年プレミアムPBのファイネスト（Finest）を大規模リニューアルした。フランスのカルフールは、2010年にPBの主要ラインをプレミアムPBのカルフールセレクション（Carrefour Selection）、主力となるカルフール（Carrefour）、低価格PBのカルフールディスカウント（Carrefour Discount）の3階層に整理・統合した。

　大手小売業は、ハードディスカウンター対抗のために特に低価格帯のPBを強化しようとしたものの、必ずしもうまくいかなかった。その理由は、低価格帯PBは、ハードディスカウンターに価格を寄せることができても、品質面で太刀打ちできなかったためである。大手小売業が品質面で太刀打ちできなかった要因として、PB1商品あたりの規模の違いも存在していた。大手小売業は同じカテゴリーの中で、複数のNB商品と複数のPB商品を取り扱う。これに対して、ハードディスカウンターは同一カテゴリーで複数商品

---

7)　Brandes（2008）。

14

を展開することはまれであった。このため、規模の経済性が働きやすいハードディスカウンターの方が有利であった。

　また、低価格 PB に自社ブランド（チェーン名等）を付与したことで、低品質といった自社ブランドへのイメージへの悪影響も懸念された。最終的にはリニューアルから数年後の2014年にカルフールもカルフールディスカウントを廃止し、2018年にテスコはエブリデイバリューを廃止することとなった。その他、英国のセインズベリーも、2019年に低価格帯のセインズベリーベーシック（Sainsbury's basics）を廃止した。

　しかし、これらの企業が低価格 PB をあきらめたわけではない。テスコは、エブリデイバリューに代わるブランドとして、エクスクルーシブリー・アット・テスコ（exclusively at Tesco）を2018年に立ち上げた。エクスクルーシブリーとは専用という意味で、ローカルブランド（LB）をイメージしたブランドによるテスコ向け専用商品を想起させるものであった。具体的にはハム類のイーストマンズ（Eastman's）、冷凍食品・加工食品のハーティフード（Hearty Food Co.）、菓子類のミズモリーズ（Ms Molly's）といったカテゴリーによって異なる多様なブランドによって構成されているが、これは全てテスコの PB であり、実際にはローカルブランドではない。アルディのようにテスコというブランド名を付与せず、別ブランドとして立ち上げる方式をとったのである。なお、カルフールは、2020年に入ってシンプル（Simpl）と呼ばれる低価格ブランドをベルギーで導入したことが報じられた[8]。

2.1.2　米国における PB

　米国では、小売業における PB の原型となるような独自ブランドが、19世紀前半に立ち上がった。衣料品の分野で言えば、ブルックス・ブラザース（Brooks Brothers）の創業者が自分の名前をつけた店舗においてオリジナル

---

8)　Retail Detail（2020）。

生地を提供したことが最も古い PB の一つであると言われている。また、食品業界では、1840年に食品雑貨店をオープンした J. W. Bunn & Co が、同社の顧問弁護士であり、後に大統領になるエイブラハム・リンカーンや友人の名前をブランドに用いたオリジナルコーヒーを販売した例などがある。以降、米国における PB の歴史を Fitzel（1982）、伊部（2007）を基に概観する。

　19世紀後半になると、P&G のアイボリー、ケロッグのコーンフレーク、コルゲート・パーモリーブのコルゲート歯磨き粉など有力 NB が続々と誕生するようになる。NB の中には PB を出自とするものも少なくなかった。たとえば、炭酸飲料のドクターペッパーは、開発者が所属するテキサス州のドラッグストアで提供されていた PB であった。同様にペプシコーラも、もともとは消化不良を改善するために薬局の PB として提供され、のちにペプシコーラと改名して他の小売業にも販売するようになったのである。

　食品業界における PB の祖父（grand father）と呼ばれるのが The Great Atlantic and Pacific Tea Company（A&P）である。A&P は、もともと紅茶の通信販売事業者であったが、その後店舗小売業にも進出した。店舗では、紅茶が中心の品揃えであったが、その後コーヒーなどの飲料や加工食品、日用品を品揃えするようになっていった。A&P は大量仕入れと輸入業者などの中間業者を通さないことで低マージンを実現して価格を抑えて売上を優先する戦略をとり、消費者の支持を集め店舗数も急速に拡大した。その一方で、19世紀半ばから A&P は価格を巡って NB メーカーとの対立が起こるようになり、主力商品の PB 化を積極的に推進するようになった。1913年にはクエイカーメイド（Quaker Maid）を設立してサーモン缶、ジャム、シリアルなどの製造を行った。また、1919年にはコーヒーの製造を行うアメリカンコーヒー（The American Coffee Corp.）を設立した。

　A&P のチェーンとしてのパワーが一層拡大した1930年代には、中小企業保護の観点からロビンソン・パットマン法が制定され、差別的対価が禁止さ

れるようになる。これによりA&PはNBメーカーから有利な条件を引き出しにくくなり、NBの価格を上昇させる一方でPBをさらに強化するようになる。PBをNBの横に置いてPBの価格をアピールするだけではなく、1936年には世界で初のPBとNBの価格比較広告を行った。しかし、この価格比較広告によってNBメーカーの業界団体から不当な圧力であるとの反発を招き、謝罪に追い込まれる事態となった。

　A&Pは、彼らに対する業界や政府の制裁などによって疲弊した。また、拡大したPBは逆に消費者のA&Pのイメージを悪化させ、業績悪化を招く要因ともなった。これらのイメージ悪化に加え、PBを積極的に拡大し、NBの取り扱いを減少させていったことが、NBを好む消費者の離反を招くこととなった。

　さらに1930年から、スーパーマーケットチェーンが台頭したこともA&Pが弱体化した要因となった。彼らはA&Pよりも大型の店舗でセルフサービスを基本とし、NBを低価格で販売することを主力として消費者の支持を集めたのである。

　クローガーやセーフウェイなどの他の小売業者は、A&Pから学習し、PBとNBが直接的に競争しないようなPBの展開を意識した。すなわち、PBを必要以上に強調せず、NBもしっかりと品揃えを行うことで消費者に対しても選択の幅を持たせたのである。ただし、クローガーやセーフウェイもPBの核になる部分は自社、あるいは子会社での生産を行い内製化する方向に進んだ。これらの小売業のPBの4割強は自社グループでの生産であった。

　1970年代後半になると、欧州で広がったジェネリック商品の流れは米国にも流入した。米国で初めてジェネリック商品が展開されるようになったのは、シカゴを拠点とするスーパーマーケットチェーンであるジュエル（Jewel）からといわれている。その後、北西部を中心に展開するパスマーク（Pathmark）などが積極的に展開し、1983年ころにジェネリック商品のピークを迎えた。ジェネリック商品は、グロサリーの売上の2.4%を占めていたとい

う。しかし、1983年以降ジェネリック商品の勢いは急速に衰えた。ジェネリック商品が勢いを失った要因は、NB商品の積極的なプロモーション施策による対抗と、ジェネリック商品の品質の悪さだと言われる[9]。

　1990年代に入ると、PBの消費者に対する信頼性が高まり、PBシェアの上昇が見られるようになる。伊部（2007）は、このようなPBの趨勢は、NBメーカーにとっても脅威となり、対抗策として、NBの価格の引き下げを余儀なくされるようになったと指摘する。たばこ業界では、フィリップモリスのマールボロを端緒として値下げが行われた。日用品業界でもP&Gが1993年度中、メーカー希望価格の値下げを3回も行い、ベストセラー商品であるチアー（Cheer）やタイド（Tide）を含め、全商品を3％から15％まで値下げを行ったとしている。

　伊部（2007）は、1990年代の米国のPBの特徴として、「米国におけるPBは、消費者にかなり認知されており、PBの市場が成熟化するにつれて、価格訴求型PBよりもむしろNBに近い形でのPB、つまりコモディティ商品よりも、よりブランドを意識し、高級化したPBが主流になりつつあり、PBのアップスケール化を目指したプレミアムPBも登場した。」と指摘している。具体的には、A&Pのマスターズチョイス（MasterChoice）、セーフウェイのセーフウェイセレクト（SafewaySelect）、Kマートのステープルチョイス（StapleChoice）、ウォルマートのサムズ・アメリカンチョイス（Sam's American Choice）といったブランドが登場したのである。

　2000〜2010年代には、新たな動きも加速した。特にリーマンショック以降PBをテコ入れする動きが加速した。米国最大の小売業であるウォルマートが2009年に基幹PBであるグレートバリュー（Great Value）をリニューアルした。また、2000年代中盤以降、健康志向・自然派志向の高まりによって、オーガニック商品のPB化が進展し、セーフウェイ（現アルバートソンズ）

9）　Stevenson（1986）。

のオー・オーガニック（O Organic）などのブランドが誕生した。

　このような動きに拍車をかけたのはクローガーによって投入されたシンプルトゥルース（Simple Truth）である[10]。シンプルトゥルースは、2012年に立ち上げたブランドであり、ナチュラル・オーガニックをコンセプトとするブランドである。従来のナチュラル系の食品は、「何が良いのか」といった点についてのわかりにくさがあった。ラベルは複雑であり、ラベルを見ただけでは特徴がわかりにくいという問題点があった。そこで、クローガーはシンプルトゥルースブランドの立ち上げに際して、ブランドの特徴を明示するため、101の添加物など不適切な成分を除外した製品群であることを訴求した。また、シンプルトゥルースには、オーガニックラインもあり、これはUSDA（アメリカ農務省）のオーガニック認証も受けたブランドとなっている。

　シンプルトゥルースはブランドの立ち上げから2年後の2014年には10億ドルの売上を達成し、最も成功したPBの立ち上げだったと当時COOだったマイク・エリスが自画自賛するほどであった。消費者の健康志向と節約志向を見事にとらえて自社ブランドとして展開した事例といえる。これまでナチュラル・オーガニックの路線で拡大してきたホールフーズマーケットから、顧客を奪うとともに、クローガーが最もオーガニック商品を売るチェーンとなったという。

　米国においても、2000年代後半になって欧州のハードディスカウンターが展開を拡大し、存在感を持つようになった。ハードディスカウンターの拡大は欧州同様、米国の大手小売業のPB展開にも影響を及ぼした。たとえば、2013年になって、ウォルマートは初めて、低価格PBであるプライスファーストを導入した[11]。これまで、大型店であるスーパーセンターと、EDLPという価格政策によって中・低所得者層の消費者の支持を集めたウォルマート

---

10)　神谷（2017）。
11)　神谷（2017）。

であったが、その地位がハードディスカウンターやダラーストア（1ドルストアなどの価格均一業態）といった業態に脅かされつつあった。このような背景からウォルマートは低価格業態に価格で対応できる低価格 PB を投入したのである。グレートバリュー、サムズチョイスに加えて 3 階層の 3 番目の柱とすべく、プライスファーストに投資を行ったものの、期待したほどに売り上げが伸びなかった。その結果、2016年にはプライスファーストのブランドを廃止することとなった。

　失敗の理由としてグレートバリューとの違いが明確に打ち出せなかったことや、アルディなどの PB と値段は変わらなくとも品質が劣っていたことなどが指摘されている。この結果、ウォルマートは基幹ブランドであるグレートバリューに資源を集中し、注力することとなったのである。

2.1.3　欧米における PB の発展のまとめ

　欧州の PB の発展の特徴をまとめると、小売業が古くから自社で商品研究所を立ち上げるなど積極的に PB 開発の体制づくりを行ってきたことや、PBの高付加価値化に取り組んできたことが確認できた。一方で近年では、圧倒的な低価格・高品質を展開するハードディスカウンターの影響から、低価格ブランドを強化する動きも見られる。ただし、大手小売業による低価格ブランドは必ずしも成功しておらず試行錯誤が現在も続いている状況にある。

　米国の PB の発展状況をまとめると、PB を積極的に扱う小売業は、商品製造の内製化を行い子会社で工場を持つようなケースも出ていた。欧州などでは研究所などを設立する動きは見られたものの、必ずしも自社で本格的に工場を展開するというところまでには至らなかった。商品に関しては、欧州同様、高付加価値化を目指す動きが進展している一方で、クローガーのシンプルトゥルースに代表されるテーマ型の付加価値 PB の拡大も見られた。また、低価格帯 PB を強みとするハードディスカウンターが拡大しているが、大手小売業は低価格帯 PB を積極的に拡大する方向にはなっていない。

2.2　日本における PB

2.2.1　セブンプレミアム登場以前

　日本における最初の PB は1959年に発売された大丸の紳士服ブランド、ト
ロージャンと言われている。また、食品・日用品分野の PB としてはダイエー
が創業して 3 年後に販売した1960年発売のダイエーみかんであると言われて
いる。その後ダイエーは衣料品や家電などさまざまなカテゴリーに PB を拡
大する。

　ダイエーの PB 展開で有名な事例の一つは、1970年に発売されたテレビの
ブブであろう。大手家電メーカーの価格統制に対抗すべく、中堅メーカーで
あったクラウンに製造を委託した。価格は、NB のカラーテレビが約10万円
程度であったのに対して、 5 万9800円と 4 割程度安くするまさに革命的な商
品であったという[12]。その後、ダイエーはクラウンを買収して自社の傘下に
収める。PB の垂直統合化の先駆的な取り組みとも言えた。しかし、その後
の NB メーカーの対抗策や円高等により、価格競争力を失ったブブは在庫を
抱え、残念ながら PB の垂直統合化の失敗例として記憶されることになる。
ダイエーは、ブブの失敗以来自社での製造は行わず、製造を外部委託してリ
スクを抑える方策を取った。他の小売業もダイエーの失敗を見てか、製造を
自社で内製化するような方向にはならなかった。

　製造を外部委託してリスクを抑える方策の一つとして有力 NB との連携に
よるダブルチョップの供給がある。矢作編（2014）によれば、ダブルチョッ
プは1960年代にダイエーによる NB の安売りに音を上げたメーカーが「NB
とほぼ同一の商品を包装や名称、量目を変更して供給する妥協案を提示した」

---

12)　野口（1995）。

ことから生まれたものであるという。また、大野（2010）はダブルチョップを「製造企業と流通企業の両方のブランドが製品に付与された商品」とし、1974年に資生堂がダイエー向けにプリオールという中価格帯のブランドと同品質で15％価格が安いダイエー・プリオールという商品を提供したのが始まりと指摘している。しかし、矢作編（2014）は1974年の再販価格維持制度の縮小に伴う資生堂のダブルチョップ提供以前の1960年代にはすでに日本製粉、カネカ商事、グンゼ、東洋紡がダブルチョップを展開していたとしている。ダブルチョップ商品は、チャネル・コンフリクト解消の副産物として生まれ、西友ストアやイトーヨーカ堂といった他のスーパーに飛び火したという。

　なお、戸田（2014）によれば、ダイエーは1961年にUCCと共同でインスタントコーヒーのPB商品を販売し、1966年にダイエー明治ホットケーキミックス、1967年にダイエーQPマヨネーズなどを発売したとしている。

　ダイエーは、1978年にノーブランド商品を導入する。これは、ダイエー創業者の中内功氏が海外研修で米国のラルズを視察した際に、ノーブランド商品に出会い衝撃を受けたことから展開が決まったという。日本で初めてのノーブランド商品であり、NBよりも30％安く、通常のPBよりも15％安い価格で醤油、サラダ油、醸造酢、味噌、イチゴジャムなど生活の基本となる13品目で展開が開始された。

　さらに、ダイエーは1980年に導入したセービングによって加工食品分野における本格的なPBを拡大する。また、1980年代にはコルティナ、サリブ、すこやかベジタ、愛着仕様といったPBを導入した[13]。ダイエー時代にセービングの開発に携わった世古隆信氏[14]によると、ダイエーのセービングの歴

13）　土橋（2010）。
14）　有限会社ビーワンフード代表取締役。ダイエーにおいて1984年に商品企画部配属されて以降、セービング、キャプテンクック、クローガー等の加工食品の商品開発およびダイエーにおける商品開発の仕組み作りに携わった。ヒアリングは、2018年10月に実施した。ヒアリングにご協力いただいた世古氏、ヒアリングの機会をアレンジいただいた株式会社流通研究所代表取締役社長の金田正裕氏に厚く御礼申し上げたい。

史は、3つの世代に分けることができるという。第1世代はセービングが登場した1980年から、第2世代はニューセービングといわれるリニューアルを実施した1984年から、そして第3世代がセービングのコンセプト変更および開発手法などが確立した1991年以降であるという。

　第2世代のニューセービングは、これまで存在していたノーブランドとセービングを統合する形で誕生した。41品目から開始した第1世代のセービングは、第2世代の末期となる80年代終わりには500品目に拡大し、PB全体でも1万5千品目を超えるまでに拡大した。一方で、PB拡大による弊害も出始めた。PB比率が20%を超え「売り場にメリハリがなくなった」こと、その結果商品の回転率が落ち、大量販売による低価格化が難しくなったことがある[15]。そのため、1989年から92年まで、品目数を3分の1にまで絞り込む調整を行った。

　世古氏によると、セービングの第1世代および第2世代は有力NBが存在しないカテゴリーで価格志向型の商品展開を行うものだったが、第3世代では、NBが展開する分野で価格志向型の商品展開を行うという大きなコンセプトの変更があったという。第3世代では、NBに対する品質の統計的有意差がないNB同等品質のPBを目指し、商品開発体制の整備などを実施していた。商品開発は、英国マークス＆スペンサーの開発手法をベンチマークとしており、フーズラボなどの商品テスト機能、品質チェック機能としてクオリティコントローラー、バイイング機能としてテクノロジスト、セレクター、マーチャンダイザーなどの人員を配置した。また、PBの開発に科学的な工程管理も導入したことも大きな特徴であったという。この点については、戸田（2014）においても言及されている。戸田（2014）によると、ダイエーとマークス＆スペンサーの提携によって1982年に研修生がマークス＆スペンサーに派遣され、開発手法などを学んだとしている。

---

15)　土橋（2010）。

ダイエーは、英国マークス＆スペンサーの開発手法をベンチマークとして意欲的に体制を整備したと言えるが、戸田（2014）は、「（M&S流の開発体制を志向したものの）実際のところは、M&S流の三位一体（筆者注：テクノロジスト、セレクター、マーチャンダイザー）の開発組織が首尾よく機能したわけではなかった」と指摘する。その要因として、高品質型PBを展開するマークス＆スペンサーと低価格販売を理念とするダイエーの理念に齟齬があったこと、組織としても三位一体の開発組織を志向したがNB商品の調達も担当するマーチャンダイザーがPB開発の主導権を握っており、セレクターやテクノロジストなどの権限が限定的であったことなどが挙げられている。高品質PBではなくセービングなどの低価格PBの開発が中心となり、（マークス＆スペンサーからの）「知識移転はうまくいかず不首尾なものに終わってしまった」と結論づけている。

　なお、世古氏はダイエーにおける高付加価値PBの端緒として1986年に発売されたニュークローガーPBの存在を指摘する。世古氏によると、当時の小売業には珍しいクオリティを打ち出せるPBであったという。既存文献では取り上げられることがなかったため、ここに世古氏からのヒアリング内容を記載しておきたい。

　ダイエーは、米国の大手スーパーマーケットであるクローガーとの提携によって1984年からクローガーPBの輸入販売を開始した。ところが、パッケージデザインが簡素で、デザイン的に日本人の好みに合わないことや、缶詰の縁に錆がついているなどの品質の問題、味も日本人に必ずしも合うものでなかったといった理由で、販売に苦戦することになる。そこでクローガーPBをそのまま使うのではなく、日本人の好きな米国をテーマとして、新たなPBを開発することとした。これがニュークローガーPBである。クローガーの名称を用いて原料は米国産にこだわるものの、商品パッケージは日本人に馴染めるデザインテイストとし、自社開発を行った。ベージュをパッケージの背景色として、従来のPBよりもパッケージデザインにお金を掛けたという。

　余談であるが、パッケージの背景色がベージュになった理由は、社内で白を基調とするかベージュを基調とするかで議論になった際に、ダイエー創業者の中内功氏がベージュを選択したことによるものだという。1987年の売上高は13億を超え、最盛期には17億円近い売り上げがあったものの、クローガーとの提携解消によって1992年にクローガーブランドは消滅した[16]。

　1980年代後半から、円高進行による内外価格差が拡大したことや、輸入自由化などの影響もあり、輸入による価格破壊型PBに注目が集まった。代表的な商品が、セービングバレンシアオレンジジュース100である。100%濃縮還元のオレンジジュースであるが、一般的なNBが300円前後であったのに対して198円という低価格を武器にヒット商品となった。独自の輸入商品による価格破壊といわれる現象は、ダイエーのPBに対する世間の関心を生むこととなり、1993年にはセービングが日経のヒット番付において西の横綱となった。このころからPBの製造に対して消極的であったNBメーカーが製造受託を行うようになる。世古氏によると、その端緒が1994年の雪印乳業による牛乳（低脂肪）のPB製造であり、それ以降徐々に大手NBによる製造受託が拡大していった。このころからPBの品質に対する評価も上昇し、特にパート社員のPBに対する評価が上昇したという。また、1商品あたりの売り上げも1994年ころから倍増するようになった。

　日本におけるPBの先駆者であったダイエーだが、2000年代に入ると積極的な出店攻勢拡大路線による財務の悪化、阪神・淡路大震災の影響などもあってチェーンとしての業績が悪化する。PBについても、品質改良やブランドのリニューアルなどが重ねられたが、1990年代前半の勢いを取り戻すことはできなかった。その一方、PBの分野において台頭したのがジャスコのPB、トップバリュである。ジャスコのPBは、これまでカテゴリーによって複数展開されていたものの、セービングのような派手さはなく、注目され

16）　数値は世古氏ヒアリングに基づく。

ることも少なかった。

　しかし、1995年にこれらのPBを統合する形でトップバリューを誕生させてから、積極的な展開を行うようになった。土橋（2010）によると、トップバリューは発売後わずか5年で49品目から約1000品目となり、ジャスコの基幹PBとして成長した。また2000年には新生トップバリュ（トップバリューから名称変更）が誕生し、ロゴマークの変更とサブブランド化がすすめられた。従来、独立したブランドであった有機食品のグリーンアイや品質にこだわったザ・セレクトはトップバリュのサブブランドとして位置づけられるようになり、トップバリュのロゴが付与されるようになった。2007年には、PBの開発を専門的に行うイオントップバリュ株式会社を設立し、分社化した。2013年には、輸入商社機能を担うアイクと合併し、アイクを存続会社とする新生イオントップバリュ株式会社が誕生した。

　なお、イオンのPB開発はライン展開の考え方、ブランドに対する考え方など欧米のPB開発のノウハウや考え方に比較的忠実に即しているが、これはトップバリュの強化にあたって米国のPB開発コンサルティング会社を活用した影響も大きかったと見られる。イオンは、米国のPB開発コンサルティング会社であるデーモンワールドワイドとのプロジェクトを2000年ころから立ち上げたと言われている。その後、デーモンワールドワイドは日本法人を設立し、イオンの資本参加を受けながら、イオンのPBだけではなく他の小売業のPB開発なども手掛けるなど業容を拡大した。しかしながら、2015年にデーモンワールドワイドの日本法人は、イオントップバリュ株式会社に吸収合併される。

2.2.2　セブンプレミアムの誕生と協働型PBの拡大

　日本では先述のとおり、ダイエーがPBの日本での展開に先鞭をつけた。初期のPBは輸入企画品や中小メーカーによる低価格で低品質な商品も少なくなかったため、多くの消費者に対して安かろう、悪かろうのイメージを植

え付けることとなり、PBが欧米のようなレベルに拡大するまでには至らなかった。その後、小売業の上位集中化を背景として商品供給元に大手メーカーが参加するようになるなど、品質の改善も進められてきた。しかし、消費者のPBに対する低価格低品質のイメージが大きく変化することはなく、あくまでNBの下位互換商品という位置づけから脱することはできなかった。そのPBのポジショニングを大きく変えることになったのが、1997年に誕生したセブンプレミアムである。

　協働型PBの誕生はセブン＆アイ・ホールディングス（以降セブン＆アイ）によるセブンプレミアムの誕生からと捉えることができる。セブンプレミアムは、従来型PBとは大きく異なる次のような特徴を備えていたからである[17]。まず、各商品分野で技術力のあるNBメーカーとの共同開発、最適な生産能力を持つ工場での製造など、セブン＆アイグループがそれまで培ってきたチームマーチャンダイジングの手法の活用である。なお、セブンプレミアム以前のセブン-イレブン・ジャパンを中心とするコンビニエンスストア業態におけるNBメーカーとの共同開発については、小川（2003）に触れられている。小川（2003）ではNBとの共同開発が1990年代前半から進展し、商品開発の枠組みの多次元化、メーカーとコンビニエンスストア間の機能補完性の明確化、機能間インターフェースの高度化が行われてきたことを指摘している。ただし、事例でも取り上げられているセブン-イレブン・ジャパンとアサヒ飲料の共同開発製品の「凍頂烏龍茶」をはじめとする共同開発商品は、セブン-イレブン・ジャパンのPBという位置づけでは必ずしもなかった。したがって、協働型PBの誕生はセブンプレミアムの誕生からと捉えることができるのである。

　チームマーチャンダイジングの手法の活用した開発のあり方は、コスト削減＝低価格を最優先項目としてPB生産専門メーカーなどに委託して商品づ

17）　セブン＆アイ・ホールディングスホームページ「セブン＆アイの挑戦：セブンプレミアム10周年プライベートブランドを超えたクオリティブランドへ」より引用・加筆。

くりを行ってきた従来のPBとは180度異なるものだったという。次にクオリティの証しとしてあえて生産者（製造元）のメーカー名を商品に明記した点がある。この点も、販売者名だけを表示した従来のPBの常識を打ち破るものであった。

　セブンプレミアムは、2007年5月に発売を開始した。セブンプレミアムのプロジェクトは、2006年に立ち上がり、プロジェクトリーダーは、ヨークベニマルの大高善興社長（当時）が務めた。セブンプレミアムの誕生は、大高社長が2006年8月にセブン＆アイ・ホールディングスのグループ戦略会議でグループとしてのPB開発の必要性を訴えたことから始まっている。鈴木敏文会長（当時）は、PBの開発にゴーサインを出すとともに、PB開発に際して、他のPBのように価格重視ではなく質を重視したPBの開発を指示した。

　商品開発には、各事業会社の商品部から出向するプロジェクトチーム「MD改革プロジェクト」を編成して推進した。欧米の小売業のように別会社にして専門部隊を育成する方法もあったが、それとは異なる手法である。大高氏は、プロジェクト方式にこだわった背景を「グループ各社の各事業会社のバイヤーが日常業務の中で、組織横断的に仕事をすることによって、グループ企業の垣根が取り払われ、情報やノウハウの共有化が行われ、みんなが自分たちの商品に愛着と誇りと自信をもって売っていこうということになる。そこにグループシナジーが生まれ、個々の事業会社では実現できない、より価値の高い商品の開発が可能になると考えたからです。」と述べている[18]。ただし、出向元の事業会社によって得手不得手のカテゴリーがあるため、ノウハウを持つ事業会社がカテゴリーのリーダーとなってプロジェクトを推進した。

　時間も限られる中でのブランドの立ち上げのためには、PB開発のプロセ

18）　緒方・田口（2013）。

スにも工夫が必要である。このプロジェクトチームでは、商品開発のプロセスをセブン-イレブン・ジャパンで培ったチームマーチャンダイジングの手法を適用した[19]。セブン-イレブン・ジャパンでは、専門のノウハウを持つメーカー（ベンダー）との協業によって弁当や総菜などの商品開発を長らく実施してきた。その中核となるのが、NDF（日本デリカフーズ協同組合）や分科会形式による商品開発である。

　NDF は1979年に設立されたセブンイレブンの弁当・惣菜等のメーカーによる協同組合で、当時中小・零細企業が中心だった取引先の品質と供給量の確保を目的に設立がセブン-イレブン・ジャパンによって支援された。この方式の特徴は、小売業と特定メーカーの 1 対 1 の関係ではなく、原材料メーカーや包材メーカー、場合によっては同業他社を含む 1 対多の関係を構築したことである[20]。多数のプレイヤーの参画があるため、チームマーチャンダイジングによる商品開発の手順も標準化されている。開発期間を20週程度と定め、「顧客ニーズの把握」「商品コンセプトの仮説づくり」「商品開発・価値伝達」「検証」という手順で開発を進めていく[21]。開発の体制としては、セブン-イレブン・ジャパン側の担当者80名と NDF 側の担当者1000名が協働して進めていく（図2.2）。

　このような手法をセブンプレミアムにも導入したということは、小売業が仕様書を作って最も安いメーカーに発注したり、仕様をメーカーに丸投げするという方式ではなく、仕様を小売業とメーカーが協働して作成するという

---

19)　緒方・田口（2013）。

20)　矢作（1993）は、セブン-イレブン・ジャパンの取引について、1 対多の取引関係が緩い垂直統合を通じて協調と調整を原理とした 1 種の組織取引へと変容しており、きわめてまれな取引形態であると指摘している。

21)　緒方・田口（2013）、矢作（2014）、野中・勝見（2013）など、商品開発のプロセスを紹介した文献があるものの、レベル感や用語等が微妙に異なる。ここでは、野中・勝見（2013）におけるセブン-イレブン・ジャパンの鎌田靖取締役（当時）へのインタビューを基に筆者が整理を行っている。

図2.2　セブン-イレブン・ジャパンにおけるデイリー商品の商品開発の体制

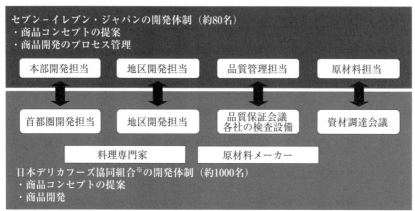

※日本デリカフーズ協同組合は1979年米飯メーカーを中心に結成。現在は米飯、調理パン、
　総菜、料理麺、漬物メーカーなど約90社が参加。

出所：セブン＆アイ・ホールディングス資料より筆者作成。

ことに他ならない。加工食品などでのPBの展開に際しても、すでにNDF
で取引のあるNBメーカーも存在していたこともあって、新たなカテゴリー
の展開も比較的容易だったことが想像できる。すなわち、セブン-イレブン・
ジャパンにおける弁当・総菜・デイリー部門での商品開発の仕組みがあった
からこそ、世界的に見ても特殊と言われるPBが誕生したのである。

　2007年はイオンもPB開発の機能会社としてイオントップバリュ株式会社
を設立して本格的なPB拡大に乗り出した年でもあった。2008年にリーマン
ショックが発生して景気後退局面になると、消費者の節約志向と共にPBの
売上が拡大していく。同時期に日本における小売業のグループ化も進展した。
調達コストの低減、PBの導入などを意図して、セブン＆アイやイオンの二
大流通グループと提携する地域チェーンが拡大する一方、シジシージャパン
などの共同調達機構に参加する小売業も相次いだ。

　図2.3は、二大流通グループであるセブン＆アイとイオンのPBの売上推
移を示したものである。2013年まではイオンがPBの売上でセブン＆アイを

図2.3　セブンプレミアムとトップバリュの売上推移

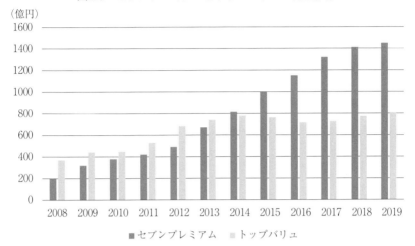

出所：各社 IR 資料より作成。

上回って順調に売上を拡大していたのが、2014年に売上が逆転される。その後イオンの PB の売上は微減から横ばい、微増へと推移している。

　セブン＆アイもイオンも PB の強化を前面に打ち出していたにも関わらず、どうしてこのような差がついたのだろうか。さまざまな要因が考えられるが、ここでは重要と考えられる仮説を２つ提起したい。一つは展開するチャネルの違いである。セブン＆アイは、グループに業界トップのコンビニエンスストアチェーンを持つ。コンビニエンスストア業態は店舗数も年々拡大しており、総合スーパーが主力のイオンに比べ、店舗数では圧倒的に有利な点がある。しかしながら、イオンもドラッグストアの再編や地域スーパーへの資本参加などによって PB の供給範囲を拡大しており、主力業態の店舗数やその成長力によって両者の PB 売上の差が拡大したという説だけでは説得力に欠けるだろう。

　もう一つは前述したようなブランドの打ち出し方の違いである。セブン＆アイのセブンプレミアムは有力メーカーとの協業による高品質な商品である

ことを全面に打ち出し、品質の証しとして、メーカー名をパッケージに記載することや「共同開発商品」であることを明示するとともに消費者の問い合わせ窓口をメーカーとした点にある。このようなブランドの打ち出し方が消費者の意識に影響を与えた可能性がある。この影響を確認することが本書の研究課題の一つであり、この点については、主に第5章において検討する。

　セブン&アイのブランドの打ち出し方に対して、イオンは販売者としての責任や役割を重視し、メーカー名を表示することなく、あくまで自社ブランドとしての一貫性を追求した。イオンのブランドに対する方針は、欧米流のブランド・マネジメントでは基本的な考え方であり、世界のPBの潮流を見てもセブン&アイの方針が特殊[22]ともいえる。実際にセブンプレミアムはPBとは言えないという批判も根強かった。批判の代表的なものが渥美・桜井(2010)や加藤(2009)である。加藤(2009)は、ジャーナリストの立場から、セブンプレミアムの裏面表示に着目し、イオンのように販売者として自社を明記しないセブンプレミアムは、「販売者の責任を製造委託メーカーに負わしており、PBたる基本を逸脱している」と批判した。しかし、メーカー名をパッケージに記載することや共同開発商品であることを明示するという方法は、その後、他のPBにも波及し、多くの日本のPBで採用されることとなったのである。

　セブンプレミアムはグループ横断的なPBプロジェクトと位置づけられていたものの、初期の段階では総合スーパー、食品スーパーが展開の中心となっており、これらの業態のマーチャンダイジング（MD）改革の一環としてスタートした。実際に、コンビニエンスストアでの展開は2007年の夏以降の展開とやや遅れてのスタートとなった。また、当初の計画では、セブンイレブンで販売されるPBは内容が同じであっても、セブンプレミアムのロゴでは

22）　たとえば矢作（2014）は、セブンプレミアムのブランディングを異質と指摘している。

なく、セブン＆アイのロゴを用いるなど、業態特性に合わせた商品展開が検討されていた[23]。価格についても業態別に変えることも現場レベルでは検討されていたようである。しかし、セブン＆アイの鈴木会長の鶴の一声で業態の垣根を越えて、同一商品を同一価格で売るという方向に決まったという[24]。

　圧倒的な店舗数を誇るセブンイレブンでの展開が本格的に始まると、セブンプレミアムも食品スーパーを意識したPBからコンビニエンスストアを意識したPBという特徴が強くなっていく。このことを決定づけたのが、2011年に実施されたセブンプレミアムのロゴ刷新である。このロゴ刷新は、セブンイレブンのMD強化、ブランディングの一環として実施され、セブンイレブンのブランディングプロジェクトのクリエイティブディレクターに就任した佐藤可士和が担当した。セブンプレミアムはセブンイレブンで取り扱う他のデイリー商品のロゴと統一感をもたせたデザインとなり、セブンイレブンでの展開を強く意識したリニューアルとなったのである。

　セブンプレミアムの成功を受け、単に低コストの製造をさせるというPBのやり方から、有力NBメーカーと協働で付加価値型の商品開発に取り組んで行こうとする小売業が拡大し、生産者（製造元）のメーカー名を商品に明記する動きも広がった。最も動きが顕著な動きを示したのはコンビニエンスストア業界である。セブンプレミアムに追随する形で、2010年にローソンのローソンセレクト、2012年にファミリーマートのファミリーマートコレクションなどの新たなブランドが誕生した。これらのPBの中には、裏面情報に生産者（製造元）のメーカー名を商品に明記したり、共同開発であることを訴えたりするだけではなく、パッケージ表面にメーカーのロゴやブランドをあえて表示するような商品も出てきたのである。ただし、従来のタブル

---

23) セブン＆アイ・ホールディングスの2007年「グループ事業戦略」には、新PBの開発について「各業態へのお客様の来店動機の違いからブランドは業態毎に独立」といった記述がある。

24)　緒方・田口（2013）。

チョップに比べると、単に既存の NB の商品パッケージを変更したというものではなく、中身もオリジナルとなっていることが少なくない。

　たとえば、ローソンは、2014年に「イノベーションラボ」というメーカーとの協働組織を立ち上げ、Ponta の購買履歴データと、食品メーカーが活用しきれていない技術を生かして独自商品を開発する試みを行った。

　NB メーカーとしてもお蔵入りしていた技術を PB で展開することで、思わぬヒットを生むことがある。そのような例として、マルちゃん正麺を発売する東洋水産がマルちゃん正麺開発の過程で活用しなかった技術を用いてセブン&アイと共同開発を行ったセブンゴールド金の麺シリーズがある[25]。

　なお、日本において協働型 PB は拡大しているものの、すべての企業が採用しているわけではなく、企業の方針によって大きく異なっていた。たとえばイオンが展開するトップバリュは協働型 PB のようにメーカーの名称やブランドを活用した PB の展開は行わない方針をとっていた。中村（2015）がイオンの岡田元也社長の講演（2009年）の言葉としている内容を引用する。「日本の PB の50％はメーカー名が表示されている。欧米ではメーカー名はつけない。イオンは（筆者注：PB の）メーカーであるから、（筆者注：製造を委託する先の）メーカー名は表示せず、責任をイオンがすべて取る。安心・安全を担保する仕組みが重要で、産地やメーカーが重要であるわけではない。」このような考え方は欧米では一般的であるが、信念をもって取り組む小売業はイオンなど限られた小売業であった。イオンが公式にこの点について言及したものとして、2014年 2 月12日のトップバリュリニューアルの際のプレスリリースがある。やや長文であるが、引用を行っておく。

　　「PB 先進国の欧米諸国では、PB は小売業が全責任を負って販売する商
　　品と認識されています。一方、日本では、本来世界的には PB とは区別
　　されている『ダブルチョップ』（販売している小売業と、製造している

25）　野中・勝見（2013）。

メーカーの 2 つの名前がついている）商品なども PB と呼ばれています。トップバリュは、『お客さまの声を商品に』いうコンセプトのもとに生まれたイオンのブランドであり、イオンが全責任を持って販売しています。その証左として、トップバリュ商品の裏面にあるラベルには、『販売者：イオン株式会社』と『トップバリュお客さまサービス係の電話番号』が記載されています。トップバリュの商品は、イオングループの『イオントップバリュ株式会社』が、機能や味、デザインだけでなく、原材料の調達から工程まで、すべて独自に作成した仕様書に基づき、世界中から最適と判断した工場に製造を委託しています。当社は、仕上がった製品の品質だけでなく、作っていただいた工場の管理体制についても、グループの品質管理を担う『株式会社生活品質科学研究所』が検査し、『安全・安心』を確認しています。従って、トップバリュは、イオンが最初から最後まで一貫して全責任を負い販売している商品であるからこそ、商品には『販売者：イオン株式会社』だけを記載しています。」

　なお、PB の高付加価値化が進展する一方で、2000年代後半から低価格帯の PB を導入する動きも進展した。トップバリュベストプライスやザ・プライスなどの PB である。しかしながら、これらの PB は導入当初は話題になり注目を集めたものの、定番 PB との差別化にも苦戦し、定着化したとはいいがたい状況にある。

2.2.3　日本における PB の発展のまとめ

　ここまでの日本の PB の発展をまとめると、まず PB の内製化を志向した時期はあったものの、その取り組みは必ずしもうまくいかなかった。そのため、PB を供給するメーカーの資源に依存する形で PB や専用品の開発が拡大した。ダイエーが中心となり日本における PB の拡大に大きな役割を果たしたものの、初期の PB は輸入企画品や中小メーカーによる低価格で低品質な商品が多く、あくまで PB は低価格を武器とした訴求であった。品質を重

視した PB ライン展開やリニューアルも試行されたが、定着化には至らな
かったと評価される。

　協働型 PB の先駆けとも言えるセブンプレミアムは、有力メーカーとの協
業を全面に打ち出し、品質の証しとして、メーカー名をパッケージに記載す
ることや「共同開発商品」であることを明示した。また、セブンプレミアム
ゴールドなどのプレミアム PB もメーカーとの協働によって話題を呼んだ。
このような協働型 PB は、セブン＆アイに留まらず、他のコンビニエンスス
トア等にも拡大し、消費者にも支持されて PB の市場拡大につながったと捉
えられる。セブンプレミアム登場によって、日本では PB が低価格を武器と
した訴求から品質を重視した訴求に転換を果たせたと言えるだろう。

2.3　小括

　欧米における PB の展開と日本における PB の展開状況について概観して
きたが、最後に両者の共通点と相違点に触れたうえで研究課題に対する小括
を行っておく。
　まず、両者の共通点として PB の発展段階がある。Laaksonen & Reynolds
(1994) は、欧米の PB の発展段階を 4 つの段階に分類しており（表2.1）、
さまざまな研究でこの発展段階が参照されている[26]。ただし、彼女ら自身も
必ずしもこのモデルが十分ではない点も認めており、たとえばフランスでは
おおむね発展段階どおりに展開してきたが、英国では第 1 世代よりも前に第
2 世代が展開されていたとしている。低品質でブランドとも言えないような
段階から、高品質で独自性のあるブランドとして発展していくという直線的
な発展段階は、直感的な理解が容易ではあるものの、アルディなどのハード
ディスカウンターの PB が必ずしも考慮されておらず、現実を概観するうえ

---

26)　たとえば川端（2016）、戸田（2008）、綿貫・川村（2015）など。

表2.1　Laaksonen & Reynolds（1994）による PB の発展段階

	第 1 世代	第 2 世代	第 3 世代	第 4 世代
ブランドの タイプ	ジェネリック、ノーブランドなど	自社ラベル（プライベートラベル）	自社ブランド（プライベートブランド）	拡張された自社ブランド
戦略	ジェネリック戦略	低価格戦略	模倣戦略	付加価値戦略
目的	・マージンの増加 ・価格選択の提供	・マージンの増加 ・エントリープライスの設定による製造業のパワーの減少 ・より高い価値（価格に比した品質）の提供	・カテゴリーのマージン増加 ・品揃えの拡大 ・小売業のイメージの構築	・顧客ベースの維持・拡大 ・イメージのさらなる改善 ・差別化
製品	基本的・機能的な製品	大量販売の単一定番ライン	大きなカテゴリーの製品	イメージ形成のための商品グループ、比較的少量販売で多くの製品
技術	簡素な製造プロセス、基本的な技術	マーケットリーダーには劣る技術	マーケットリーダーに迫る技術	革新的な技術
品質／ イメージ	低品質で、NB に比べて悪い品質のイメージ	・中くらいの品質だが、NB には劣る品質 ・トップブランドに付随する二番手ブランド	NB と比較可能	・リーダーと同等か、それ以上 ・高品質で独自性のある商品
価格	NB よりも20%以上低い	NB よりも10〜20%低い	NB よりも5〜10%低い	NB と同等かそれ以上
消費者の購買動機	価格が主な購入要因	依然として価格が重要	価格と品質双方が重要	良い品質と独自性
供給業者	国内事業者	国内事業者、一部は PB 専業	国内事業者、多くが PB 専業	国際的な事業者、ほとんどが PB 専業

出所：Laaksonen & Reynolds（1994）より作成。

で十分な説明力を持つモデルとは言いがたい。

　一方、英国の PB の歴史の中で引用した根本（1995）が提示した発展段階は、Laaksonen & Reynolds（1994）が提示する第1段階と第2段階を低価格 PB として扱い前述のような問題点をカバーする一方、彼女らが示していなかったアルディなどのハードディスカウンターの PB を意識した「低価格 PB の再導入と PB の明確な階層化」という段階を提示している点で、より現実の状況を表しているものと言えよう。

　根本（1995）に近い形で PB の進化を説明したものとして、Kumar & Steenkamp（2007）がある。彼らは、必ずしも PB の発展段階と明示していないものの、PB の分類として、ジェネリック商品、コピーキャット（模倣）ブランド、プレミアム PB、バリューイノベーターの4つがあり、ジェネリック商品、コピーキャット（模倣）ブランドからプレミアム PB、バリューイノベーターへの進化が見られるとしている。バリューイノベーターとは、価格に対する品質のパワーマンスが最も優れている PB であり、品質は NB と同等水準であるが余計な部分を徹底的にそぎ落とすことで圧倒的な低価格を実現するような PB である。具体的にはアルディの PB やイケア、H&M の商品などが含まれるとしている。

　以上の状況を整理すると、それぞれのモデルに相違はあるものの PB の発展が低価格・低品質であったものから、高品質・ニッチなものに発展し、さらには新たなステージとして低価格・高品質な PB が出現しているといえるだろう（表2.2）。伊部（2007）は、根本（1995）に準じる形で PB の発展段階の整理を行っているが、その中で「小売業態の発展過程を捉える仮説として注目されている小売の輪の仮説が、ある意味において PB にも適応できるのではないか」と主張している。すなわち、Laaksonen & Reynolds（1994）が提示するような直線的な発展ではなく、小売の輪の仮説のような循環的なサイクルによる発展を指摘しており、PB の発展段階を捉えるうえで興味深い示唆と言えよう。

表2.2　PB の発展段階のまとめ

	第 1 世代	第 2 世代	第 3 世代	第 4 世代	第 5 世代
Laaksonen & Raynolds (1994)	ジェネリック、ノーブランドなど	自社ラベル（プライベートラベル）	自社ブランド（プライベートブランド）	拡張された自社ブランド	―
根本（1995）	低価格の PB 及びジェネリックスの導入	NB の模倣による品質の向上期		プレミアム PB の展開を本格化	低価格ブランドへの対抗期
Kumar & Stinkamp (2007)	ジェネリック商品	コピーキャット（模倣）ブランド		プレミアム PB	バリューイノベーター
本研究における位置づけ	ジェネリック、ノーブランドなど	独自ブランドの付与。低価格・低品質	小売業の名称を冠したブランド。NB 同等レベルの品質	プレミアム PB、テーマ型 PB	価格破壊型 PB
ダイエーの例	ノーブランド	セービング／ニューセービング	セービング（第 3 世代）	キャプテンクック	―

出所：Laaksonen & Reynolds（1994）、根本（1995）、Kumar & Steenkamp（2007）より筆者作成。

　なお、今回の整理では含めていないが、近年スマート PL（Smart PL）と呼ぶ PB の進化形態も主張されている（Gielens et al., 2021）。スマート PL は、従来の PB の進化論が価格と品質の関係において整理されてきたのに対して、Z 世代などの新たな消費者の台頭、競争の激化、テクノロジーの進化等を背景とする新たな価値観を反映した PB が出現しつつあることに着目している。スマート PL の特徴として、①複数面、複数階層、複数セグメント、イメージ志向型であること、②新たな新製品開発、店頭およびデジタルコミュニケーションに依存している、③個別でダイナミックなプライシングを適用している、④情報技術によってサポートされている、⑤自身の店舗環境の外でも提供される、といった特徴があるとされている。スマート PL における製品開発の可能性として、小売業の顧客データやインサイトを共有した NB との共同開発も指摘されている。

さて、このような発展段階を日本で適用した場合どのようなことがいえるであろうか。表2.2に示す５つの段階に基づいて確認する。先述のダイエーのPBの発展に焦点を当てて検討してみると第１世代のジェネリックや低価格PBに当たるものがノーブランド商品であり、第２世代が1980年代からのセービングやニューセービングに相当する。第３世代が1991年リニューアルしたセービングに相当し、第４世代がキャプテンクックやニュークローガーといった付加価値型のPBの展開が当てはまる。なお、セブンプレミアムなどの協働型PBは付加価値訴求型のPBであることから、第３世代から第４世代に位置づけられる。日本では、食品小売業界では第５段階にあたるPBは定着しているとは言えない。ただし、食品業界以外に目を転じてみれば、近年アパレル分野などで話題となっているワークマンなどのPBは第５世代に位置づけられそうである。また、食品小売業でも業務スーパーなどの低価格業態のPBの品質がより向上されれば第５世代にあたるPBとなりうる可能性がある。

　欧米と日本のPBの相違点としては、PBの開発体制の相違が指摘できる。欧米では、小売業が主体的にPBの開発に取り組んでおり、カテゴリーによっては自社で内製化を行い、垂直統合を実現しているチェーンも存在する。また、英国のセインズベリーに代表されるようにPBの開発組織も体系的に構築されており、研究開発への投資も積極的に行われてきた。

　一方、日本ではダイエーが1970年代に有力家電メーカーに対抗すべく中堅家電メーカーを買収してPB展開を行ったが、必ずしもうまくいかなかった。その後有力メーカーとの妥協によるダブルチョップが展開されるなど、垂直統合的な動きよりもメーカーの資源に依存した展開が中心となった。2000年代後半になると、小売業が仕様書を作成してメーカーにPBの製造を依頼するという取引的な関係に加え、メーカーとチームを形成して協働しながらPBの開発に取り組む動きが現れた。協働型PBが生まれた背景として、このようなPBの共同開発手法も大きく関係したといえる。

　欧米と日本の PB の発展過程を PB 開発の側面から比較すると、日本の PB 開発はメーカー資源に依存した形で発展してきたという特徴が見られたが、これは小売業の商品調達機能自体がメーカーや卸売業の資源に依存してきたことと無縁ではないだろう。渡辺（1997）は、米国のケースと比較した日本の小売企業における商品調達機能の特徴として、経営資源の制約などから、品揃え調整を機能的に担う調達システム面の整備が遅れ、製造企業や卸売り企業などの供給側が提供する供給システムに大きく依存するようになったことを指摘している。PB 開発機能においても渡辺（1997）が商品調達機能において指摘するのと同様の特徴が見られており、協働型 PB もメーカー資源に依存した日本の PB 開発の延長で誕生した形態であると位置づけられる。

　以上の点を研究課題との対比で確認しておきたい。まず、研究課題1.1の「国内外の PB の歴史の中で協働型 PB はどのように位置づけられるのか」という点であるが、日本の PB は、Laaksonen & Reynolds（1994）が指摘するような高付加価値に向かう直線型の発展過程をたどっており、根本（1995）、Kumar & Steenkamp（2007）らが指摘するような第 5 段階の価格破壊型の PB は定着化していない。協働型 PB は、第 3 段階の PB として誕生したと捉えられる。日本ではダイエーに見られるように、第 3 段階の PB の定着化に苦戦し、PB に対する安かろう悪かろうのイメージを払拭することは容易ではなかった。第 2 段階から第 3 段階にステージ移行を確実に果たすためには、従来とは異なるブランドや品質の訴求方法が必要だったのである。その点で協働型 PB は、日本市場において PB の発展段階が第 3 段階、第 4 段階に移行する役割を果たしたと捉えることができる。

　次に研究課題2.1の「協働型 PB の拡大に小売業の政策はどのような影響を及ぼしたのか」という点であるが、これまでも見てきたように日本における PB 開発や製造を内製化する動きは限定的であった。ダイエーなどの一部小売業では、商品研究所などを設立して商品開発力の強化を行おうという動きも見られたが、商品の開発や製造に投資を行うというよりもメーカーの資

源に依存する形でPBを展開する動きが主流であった。協働型PBは、小売業・メーカーがそれぞれの資源を活用しながら協働して開発を進めていくことに特徴があり、小売業が開発や製造を内製化することなく展開できる。小売業の投資抑制的な政策が、協働型PBを展開することの動機づけに重要な役割を果たしたと捉えることができる。

第 3 章　PB の定義と協働型 PB の位置づけ

3.1　協働型 PB の類型

　本章では、第 1 章で示したようにメーカーとの共同開発を主張し、メーカーのブランドや製造者名が併記されるような PB を協働型 PB と呼ぶこととした。ただし、メーカーのブランドや製造者名が併記されるようなパターンは多岐にわたる[1]。また、第 7 章で検討するように、日本では「食品表示法」の施行によって従来型の PB においても製造者名の表示が実施されるようになった。このような PB を含めて協働型 PB と定義すると、日本におけるほぼすべての PB が協働型 PB となってしまう。NB の包装を単に変えたものや食品表示法の規制によって単に委託製造者名を表示しているだけの PB を協働型 PB として含めることは適切とは言えない。

---

1)　加藤（2009）は、PB の裏面表示の主なパターンを次のような 4 パターンに類型化している。タイプ A：「製造者としてメーカー名のみを表示」、タイプ B：「販売者としてメーカー名のみを表示」、タイプ C：「販売者としてメーカー名のみを表示。加えて製造者を製造固有記号で表示」、タイプ D：「販売者としてスーパー名のみを表示」。なお、加藤（2009）では、4 つの他に「販売者名としてスーパー名を表示、加えて製造者名を表示」、「販売者名としてスーパー名を表示、加えて製造者を製造固有企業で表示」するタイプがあるとしている。これだけ見ても表示にはさまざまなパターンがあり、消費者に正しく伝わっているかは疑問がある。そこで、本書では「メーカー名の表示」「共同開発商品であることの明示」を識別の指針とした。

そこで、パッケージ上における製造者名やブランドの併記のパターンを以下のように識別し、共同開発商品であることを明示したり、メーカーのロゴなどを明示する①と②を協働型 PB と位置づける。

①PB のパッケージではあるが、パッケージ表（前）面にメーカー名やブランド名、ロゴなどが表示され、メーカーとの共同開発商品であることが明確化されている。

②PB のパッケージ裏面にメーカー名が表示され、小売業とメーカーの「共同開発商品」であることが明示されている。

③PB のパッケージ裏面に製造者としてメーカー名が表示されているのみである。

④NB のパッケージではあるが、パッケージの表面に PB のロゴなどが表示されている。

　協働型 PB は、ブランドの共同展開という点で PB 研究におけるダブルチョップやブランド研究におけるコ・ブランディングなど既存の概念と共通する点も多い。しかしながら、それぞれの概念の成り立ちを考慮すると、既存の概念をそのまま当てはめることによって、協働型 PB の特性を捉えることができなくなってしまう可能性がある。次節以降、この点について PB の定義を再度確認したうえで、協働型 PB と類似した概念であるダブルチョップやコ・ブランディングとの違いを確認するとともに協働関係からの視点を踏まえ、協働型 PB の位置づけおよび特異性について明らかにする。

3.2　PB の定義に関する既存研究のレビュー

　協働型 PB と既存の PB の違いを明確化するため、まず PB の定義を確認する。PB の定義にはさまざまなものがあり、必ずしも明確な定義が存在するわけではない。国内外における主要な PB の定義について表3.1に記載する。

表3.1　PB の定義

出所	定義
AMA（1960） ※日本語訳は伊部（2007）を使用	プライベートブランドは、商人ないしは代理商によって供給されるブランドとして、製造業者あるいは生産者によって供給されるブランドと区別される。
AMA（1990） ※日本語訳は根本（1995）を使用	プライベートブランドは、製品の製造業者より再販売業者によって所有される色彩が強いブランドである。ただしまれにはその際販売業者が 製造業者である場合もある。この用語は、（1）広告されたブランドと広告されないブランドという対比において用いられ（プライベートブランドは、ほとんどの場合広告されていない）、また（2）ナショナルブランドとリージョナルあるいはローカルブランドといった対比において用いられる（プライベートブランドは多くの場合、ナショナルブランドより展開エリアが狭い）。しかしこうした区別は、シアーズ、クローガー、Kマート、エースなど、そのプライベートブランドを広告し、全国的あるいは国際的に販売する大規模な小売業者や流通業者の存在により、不明確なものとなっている。
MSAB	プライベートブランドは小売業により所有されるもので、製造業者によって所有されるブランドとは区別されるものである。
PLMA（2019）	（ストアブランドとは）簡単に述べれば、小売業の名前又はプライベートなブランドを載せた商品である。
野口（1995）	PB 商品は、流通業者が個別（プライベート）に開発したもので、独自 の商品品質、ブランドネーム、マーク、ロゴ、パッケージ等を有している。
根本（1995）	販路の限定性あるいは排他性を基本とし、基本的には同一市場において競合する流通業者に供給されることはない流通業のブランド。
矢作（2014）	小売業や卸売業、共同仕入れ機構、消費者生活協同組合等の流通業者がブランド所有権を有し、自らの販路で販売する目的で、製品の企画・開発、生産、パッケージ、物流等に主たる責任を負っているブランド。
和田（1989）	一般にストアブランドとも呼ばれ、小売商業者(卸売業者など、小売商以外の流通業者の場合も現実には存在する)が自社商品を表示し、最終消費者に対して他の商品と明確に識別し、品質に対する責任を明らかに示した商品および、そのために用いられる名前、文字、シンボル、デザインなどの総体である。
渥美・桜井（2010）	PB：「従来なかった品質や機能を持つ品」。 SB：「品質や機能、時にはデザインまで NB と類似」した商品。
梶原（2014）	PB（プライベートブランド）とは、生産機能を持たない（卸および小売からなる）流通業者ないし商業者がモノの部分は企画した仕様書に基づく外部委託生産に依存し、それに情報を付加して創造し、市場で展開し、管理をするブランドである。

矢作編（2014）は、「小売業や卸売業、共同仕入れ機構、消費者生活協同組合等の流通業者がブランド所有権を有し、自らの販路で販売する目的で、製品の企画・開発、生産、パッケージ、物流等に主たる責任を負って」いるブランドとしている。

　一方、根本（1995）は、米国においてPB（またはプライベートラベル：PL）と名づけられた背景に着目し、「すでに全国的なブランドを構築していた有力な製造業が、地場あるいは地域レベルにとどまっていた段階での流通業ブランドをやや見下ろすかたちで指し示すのに好んで使ってきた面がおそらくあると思われる」と述べ、小売業か製造業者かというブランドの所有者に加えて展開エリアの限定性を内包する概念であったと指摘する。また、流通業ブランドが販路の限定性あるいは排他性を基本とし、基本的には同一市場において競合する流通業者に供給されることはない点に着目し、これをプライベートブランドと呼ぶことも一定の理由があるとしている。しかし、根本は最終的に現実の状況に合わせる形で、流通業ブランドあるいは小売業ブランドを、PBと同じものであると位置づけている。

　和田（1989）は、PBを「一般にストア・ブランドとも呼ばれ、小売商業者（卸売業者など、小売商以外の流通業者の場合も現実には存在する）が自社商品を表示し、最終消費者に対して他の商品と明確に識別し、品質に対する責任を明らかに示した商品および、そのために用いられる名前、文字、シンボル、デザインなどの総体である」とし、NBとの違いを発売主体の相違、流通範囲の限定性に帰するとしている。

　渥美・桜井(2010)は、チェーンストアの開発ブランドを目的や性格によって複数分類している。このうち、目的別分類においてPBとストアブランド（SB）を区別し、PBを「従来なかった品質や機能を持つ品」とする一方で、SBを「品質や機能、時にはデザインまでNBと類似」した商品としている。

　海外におけるPBは、呼び名もさまざまであり定義も時代により異なっている。たとえば、呼び方についてもPrivate Brand、Store Brand、Own Brand、

Private Label などの呼び方が存在している。Schutte（1969）によると、Private Brand は1900年代初頭においては全国的な雑誌に広告が掲載されるか否かによって使い分けられており、全国的な雑誌に広告が掲載されるものを Advertised and National Brand と呼んでいたという。たとえば、シアーズローバックは流通業者であるにも関わらず、ある製造業者はシアーズローバックの自社商品を全国的に展開しているという理由で NB と見なしていたと指摘している。

　American Marketing Association（AMA）が発行するマーケティング用語集における定義を確認すると、AMA では上記の用語のうち、Private Brand に関する用語説明のみが掲載されている。しかし、この用語の定義も時代とともに変遷する。伊部（2007）は、AMA が発行するマーケティング用語集における Private Brand の説明をレビューしており、1960年に策定された用語の定義では「プライベート・ブランドは、商人ないしは代理商によって供給されるブランドとして、製造業者あるいは生産者によって供給されるブランドと区別される」と翻訳している。一方で、1990年の改訂版では、「プライベート・ブランドは製品の製造業者より再販売業者によって所有される色彩が強いブランドである。ただし、まれにはその再販売業者が製造業者である場合もある。この用語は、①広告されたブランドと広告されないブランドという対比において用いられ、また、②ナショナル・ブランドとリージョナルあるいはローカル・ブランドといった対比において用いられる。しかしこうした区別は、シアーズ・ローバック（SearsRoebuck）、クローガー（Kroger）、K マート（K-Mart）等、そのプライベート・ブランドを広告し、全国的あるいは国際的に販売する大規模な小売業者や流通業者の存在により、不明確なものとなっている」としており、説明が大きく変わったことがわかる。なお、AMA の用語集は、2019年現在、MASB（Marketing Accountability Standards Board）が管理する「The Common Language Marketing Dictionary」に引き継がれており、この辞書の定義では、「プライベートブラン

ドは小売業により所有されるもので、製造業者によって所有されるブランド
とは区別されるものである（A private brand is owned by a retailer as dis-
tinguished from a brand owned by the manufacturer）」としている。詳細
な説明を行っていない1960年の定義に近くなっていることがわかる。なお
PB 製造業者の業界団体である Private Label Manufactures Association
(PLMA)は、ホームページ上において Store Brand という用語に関して、「（ス
トアブランドとは）簡単に述べれば、小売業の名前またはプライベートなブ
ランドを載せた商品である[2]」と説明している。このように欧米でも PB の
名称や定義があいまいであるために、細かな定義は行わずに広く PB を捉え
ようとしていることがわかる。

　国内外の PB の定義の共通点をまとめるならば、PB はブランドの所有権
が流通業者であること、販路が限定的で排他的であることといえるだろう。
また欧米の定義を参照すると、細かく定義を行うよりも広い意味で PB を解
釈することに焦点が当たっている。

　共通点や欧米のトレンドに焦点を当てるならば、協働型 PB は PB である
と捉えるのが自然である。しかし、たとえば矢作（2014）における「製品の
企画・開発、生産、パッケージ、物流等に主たる責任を負う」、和田（1989）
における「小売商業者が自社商品を表示し、（略）、品質に対する責任を明ら
かに示した商品」という点を加味するならば、協働型 PB では当てはまらな
い要素も存在する。メーカーとの役割分担によってメーカーが責任を負うよ
うなケースもあるからである。たとえば、セブンプレミアムでは、製造者ま
たは販売者にメーカー名を表示するとともに、品質など商品に関する問い合
わせもメーカーが担うようになっており、小売業が責任を負う形にはなって
いない。実際に矢作編（2014）もセブンプレミアムを従来の PB と区別する
意味で「一種のダブルチョップ」と形容している[3]。このことからも協働型

---

2)　PLMA（2019）。

PBを既存のPBの枠組みで捉えることには限界がある。

3.3　ダブルチョップとの違い[4]

　PB研究の国内研究においては、PBとNBのブランドが併記されるものとして、ダブルチョップという概念が存在する。このダブルチョップという用語は、矢作編（2014）によると1960年代にダイエーによるNBの安売りに音を上げたメーカーが「NBとほぼ同一の商品を包装や名称、量目を変更して供給する妥協案を提示した」ことから生まれたものであるという。また、大野（2010）はダブルチョップを「製造企業と流通企業の両方のブランドが製品に付与された商品」としている。和田（1984）は、ダブルチョップを「主に製造業者と小売業者が共同で商品を企画開発し両者のブランド名を併記したもの」と定義したうえで、コントロールラベルと共にPBの派生形態の一つとしている。一方、野口（1995）は、ダブルチョップを「基本的にNBの包装形式をとりながら、同一の商品に流通業者のラベルが共存しているものである」と指摘しており、PBというよりはNBに近い商品だと捉えることができる。渥美・桜井（2010）は、チェーンストアの開発ブランドの方法別分類においてダブルチョップを含めており、「本来メーカー側が扱いなれた材料や製造方法を前提として、チェーンストア側が仕様書を作成し、大量生産したチェーンストアとメーカーの共同開発商品」と定義している。しかしながら、実際には「日本では、仕様書をベンダーやメーカーが作成した、ベンダーやメーカーの開発商品であることが多い。だから技術的な知見力に乏しい小売業やフードサービス業が止むを得ず活用する方法となってしまっている」と指摘する。

---

3)　セブンプレミアムをダブルチョップであるとは明言しておらず、「一種の」という表現を用いるにとどめている点に注目したい。

4)　本稿は神谷（2018）に加筆修正を行ったものである。

なお、海外でPBに特化したダブルチョップと呼ばれる概念は現存しておらず、類似的な概念として小売ブランドとメーカーブランドを併用するコ・ブランドやダブルブランド、デュアルブランドと呼ばれる用語が存在する。

　以上のことから、ダブルチョップは、広義にとらえれば協働型PBを内包する概念であると考えられる。また実際に加藤（2009）をはじめダブルチョップをPBの一形態とするジャーナリストや研究も多い[5]。しかしながら、前述のように歴史を紐解くとその出自からNB色が強く、NBに小売業のラベルを貼り替えただけの商品も少なくなかったことなどから、そもそもダブルチョップをPBと捉えるべきなのか、NBの小売業向け専用商品と捉えるべきか曖昧な点が存在する[6]。一方で近年拡大している協働型PBは、PBを展開する事業者がメーカーとの協働しつつも商品企画などを小売業側が主導することに特徴があり、PB色が強まっている点で従来型のダブルチョップとは異なる概念として捉えたほうが適切である[7]。

3.4　協働型PBとコ・ブランディング[8]

　協働型PBは、協働するメーカー名を明示し、時としてメーカーのブランドを明示するという点で、ブランド研究の視点からはコ・ブランディグの一形態として捉えることができる。コ・ブランディング（Co-Branding）は、ブランド同士が共同で展開するブランド手法である。Levin et al.（1996）は、

---

5)　和田（1989）に加え、水野（2016）など。

6)　マーケティングアナリストの渡辺広明氏は、この点を区別するため、PB名は表示されていないが、実質的にはPBのように売られるNB商品、すなわちNBの小売業向け専用商品をNPBと命名している。ただし、一般的に普及した名称とは言えない。

7)　懸田（2013）は、近年の大規模小売業によるPB開発の戦略的意味の一つとして「以前のようにメーカーにほぼ依存した以前のようなPB商品ではなく、小売業が主体的に商品開発に参画するPB商品が増加している」と指摘している。

8)　本稿は神谷（2018）に加筆修正を行ったものである。

コ・ブランディングを「二つの区別されたブランド名が一つの製品に使用されていること」と定義している。たとえば、AT&T とマスターカードはそれぞれ別のブランドであるが、両者のブランドを用いたクレジットカードを作成するといった事例などである。なお、コ・ブランディングはしばしばブランドアライアンスとも呼ばれ、両者を同一ものとして議論されることが多い。ただし、ブランドアライアンスはブランド間の提携を意味し、広告やプロモーションの共同化なども含まれることがある。そのため本論では、商品に焦点をあてたコ・ブランディングという用語を用いることとする。なお、類似の用語として、デュアルブランドも存在するが、これは主に外食産業において、同じ屋根の下で 2 つのブランドのレストランを展開する場合に主として用いられているとされている[9]。

Helmig, Huber & Leeflang（2008）は、既存研究レビューからコ・ブランディングをバリューチェーン上での関係によって二つに分類している。第一にバリューチェーンの中での垂直的なブランディングを行うようなコ・ブランディングのパターンがある。これは、成分ブランディング（ingredient branding）とも呼ばれ、ある商品の原材料に別のブランドの商品を利用する場合が当てはまる。具体的な例としては、IBM のパソコンにインテルの CPU が入っている場合、IBM のブランドの横に「Intel inside」の表示を行い、両社のブランドを表記するといったことである。第二に、水平的なブランディングを行うパターンも存在する。これは、バリューチェーンの中の同じ段階にあるブランド同士が共同するパターンを示している。たとえば、携帯電話におけるソニーとエリクソンの事例などが当てはまる。

なお、成分ブランディングについては、Kotler & Pfoertsch（2010）で詳細に取り上げられている。Kotler & Pfoertsch（2010）は成分ブランディングとコ・ブランディングが同じものであるという混同を招いているとし、図

---

9)　Levin et al.（1996）。

図3.1　Kotler & Pfoertsch(2010)によるコ・ブランディングと成分ブランディングの位置づけ

	単一ブランド	複数ブランド
複数製品	個別ブランド	コ・ブランド
単一製品	単一ブランド	成分ブランド

出所：Kotler & Pfoertsch（2010）より作成。

3.1に示すように複数商品において複数ブランドを共同販促したい場合をコ・ブランディングと呼ぶべきであるとしている。彼らによればコ・ブランディングの例としてベントレーの高級車とブライトリングの時計を一緒に宣伝広告する場合などがあるとしている。

　しかし、Keller（2013）にも示されているとおり、成分ブランディングがコ・ブランディングの一形態として内包される概念であるとする考え方が定着しており、Kotler & Pfoertsch（2010）の主張は、定着しているとはいいがたい。そこで、本書では、Kotler & Pfoertsch(2010)の考えによらず、Helmig, Huber & Leeflang(2008)の整理を採用することとする（表3.2）。

　Helmig, Huber & Leeflang（2008）の考えに依拠すれば、協働型PBは、メーカーと小売業がバリューチェーンにおける垂直的な関係であるため、成分ブランディングの一形態と捉えることができる。実際に、PBにおけるコ・ブランディングの研究は、Vaidyanathan & Aggarwal（2000）に代表されるように成分ブランディングを前提としたものが多い。したがって、協働型PBのメカニズムを検討する場合には、成分ブランディングの既存研究の枠組みをある程度援用できるはずである。

　ただし、成分ブランディング自体は、一部の原材料(クッキーにおけるチョコチップなど）にNBが用いられるケースを想定したものであり、PB製造そのものをNBやその関連会社が担う協働型PBの位置づけとは異なる点に留意する必要がある。

表3.2　本書におけるコ・ブランディングの整理

	水平的	垂直的
コ・ブランディングの分類	狭義のコ・ブランディング	成分ブランディング
事例	ソニーとエリクソン	IBM とインテル

3.5　製販の垂直的協働関係としての協働型 PB

　本節では、協働型 PB の「協働」という側面に注目し、製販の垂直的協働
関係としての協働型 PB の位置づけを確認する。1990年代から米国で「製販
同盟」や「製販提携」と呼ばれる現象が生じる。製販提携の嚆矢としてウォ
ルマートと P&G の取り組みが挙げられる。渡辺（1997）によれば、両社の
製販提携によって、ウォルマートには①取引コストの削減、②在庫コストと
リスクの圧縮、③ペーパーレス取引化による間接コストの削減、④人員整理・
再配置による人件費の引き下げ、⑤中間流通コストの削減などの成果をもた
らし、P&G には①取引コストの削減、② MMI（メーカーによる在庫管理）
による自社のマーケティング計画の立案・実現が容易になった、③ EDLP
戦略の採用が可能となり、工場の操業率上昇・フレキシブルな生産体制の構
築、原材料調達コストの削減、価格変更のための間接コストの圧縮、⑤中間
流通業者排除による流通コストの節約といった成果をもたらした。その結果、
90年代初頭には P&G のウォルマートの販売額は30億ドルを超え、P&G の販
売額に占めるウォルマートの比率は10％を超えるほどになったという。
　マーケティング・チャネル研究においては、上記のような成功事例の出現
とともに「製販同盟」や「製販提携」に注目する研究が増え、垂直的協働関
係論（渡辺, 2007）、協調関係論（結城, 2014）とも呼ばれる領域が成立し
た。
　結城（2014）によれば、協調関係論は主に①パワーバランス・アプローチ、

②信頼アプローチ、③取引費用アプローチ、④関係的規範アプローチという
4つのアプローチからの研究があるという[10]（表3.3）。

　パワーバランス・アプローチは、パワーのインバランスが組織間の相互同調を阻害すること、そして反対にパワーや依存関係の対称性によって協調関係が生成されることを主張している。次に信頼アプローチはまず信頼を鍵概念として導入し、組織間の信頼水準が当該組織間の協調度を規定すると考える。次いで信頼に並ぶ鍵概念としてコミュニケーションを規定する。そして、取引費用アプローチは、パワーや信頼といった行動科学的な概念とは異なり、取引効率性の観点から分析する。最後の関係規範アプローチは、取引費用アプローチがあまり顧みてこなかった中間組織確立の十分条件に焦点をあて、それを組織間の規範に求めたものである。

　渡辺（1997）は、取引費用アプローチをベースに、製販提携を中間組織の一形態と位置づけ、Dwyer, Schurr & Oh（1987）、Cooper & Gardner（1993）等を踏まえて、市場と組織のスペクトラムにおける協働関係の発展という観点から、戦略提携としての製販提携の位置づけを概念的に整理した（図3.2）。ここでは戦略提携（製販提携）が中間組織のうち最も組織に近い段階に位置づけられる。戦略提携は、メーカーと小売の双方が具体的な戦略目標（協働課業）の実現を目指した経営資源の相互補完・共有によって競合他社に対する競争優位の確立を企図するというのが戦略的選択としての製販提携であっ

---

10)　なお、協働関係については、上記の4つのアプローチに加えてケイパビリティ論からのアプローチも存在する。ケイパビリティ論は、取引費用論や所有権理論、不完備契約などの契約パースペクティブに対する対抗的パースペクティブとみなされている（渡部, 2010）。ケイパビリティ論からのアプローチには資源ベース論や関係ベース論（Dyer &Singh, 1998）、関係ケイパビリティ論などの領域が含まれる。なお、渡辺・久保・原編（2011）では「ケイパビリティ論は、理論的には取引費用論が抱えるいくつかの問題を解決するものとして期待されるが、現状では操作化が不十分なままであり決め手になる仮説が乏しい状態が続いている」（p. 28）としており、今回の詳細な検討からは除外している。

表3.3　協働関係論に含まれるアプローチ

アプローチ	鍵概念
パワーバランス・アプローチ	・パワーバランス（インバランス） ・相互依存度
信頼アプローチ	・信頼
取引費用アプローチ	・取引特定的投資（資産特殊性） ・環境不確実性
関係的規範アプローチ	・関係的規範（契約の規範的性格）

出所：結城（2014）より作成。

図3.2　市場と組織のスペクトラムにおける協働関係の発展

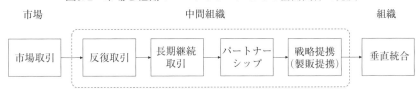

出所：渡辺（1997）より作成。

て、製販提携は双方によって、戦略的に選択されたとするのが渡辺の主張である。

　また、渡辺（1997）では、製販提携における相互補完・共有の対象となる経営資源・協働課業を図3.3のように整理している。経営資源として、メーカーなどの供給側にとっては大規模小売企業の強大な商品販売能力、市場動向や消費者ニーズなどに関する情報力、効率的な商品調達システムに関わる能力などが、小売り側に期待するものとして挙げられている。一方、小売企業側にとっては、有力メーカーの商品そのものや、商品開発・生産・品質管理力、効率的な商品供給システムに関わる能力などが、供給側に期待する経営資源の代表となっている。そして協働課業については、ロジスティクスの効率化と商品の共同開発という2つの側面を指摘している。このうち、ロジスティクスの効率化の側面に焦点を当てた製販提携の代表例がECR（Efficient Consumer Response）である。一方で、商品の共同開発については、取り組みが包括的で排他的な性格を持つことから、実施の障壁が高く代表例にあたるものが十分に存在しなかった。

　渡辺（1997）は、ウォルマートと P&G の製販提携における新次元のコンフリクトとして次のような点を指摘している。両者の関係は、まずはロジスティクスの側面を中心にした提携からスタートしたが、そこからさらに専用商品の供給などの商品レベルに踏み込んだマーケティング戦略全般の協働をテーマにした「第二局面」（包括的提携）への移行をウォルマートの側が提起するに及んで、両者の相互依存関係に軋みが生じたという。さらにウォルマートは伝統的に PB 生産の拒否を基本戦略としてきた P&G へのけん制の意味も込めて、下位メーカーに対して専用商品の供給可能性について打診するなどの機会主義的行動をとったことから、両者のコンフリクトは競合他社をも巻き込むものへと発展したという。商品開発にまで踏み込んだ包括的提携はメーカーにとって特定の小売企業との関係強化に有効である反面で、その本来的な排他性ゆえに、既存チャネル関係の枠組みを揺るがす可能性を持つ両刃の剣といえることが示唆されるとしている。

　協働型 PB を渡辺（1997）の議論に当てはめて検討すると、まず協働課業については商品の共同開発に相当するものであり、ウォルマートと P&G に代表される欧米での協働関係では必ずしも実現し得なかった包括的な取り組みであると捉えることができる。メーカー側にとって協働型 PB に取り組むか否かという判断は、営業レベルで判断できることではなく、事業部レベル・全社レベルの経営判断となる。他方で、排他的な関係となりうるかどうかは、ケースによって異なる可能性がある。たとえば、カルビーは全方位的に PB 供給を行っており、必ずしも協働型 PB に取り組んでいることで排他的な関係となっているとは言えない[11]。

11）　浦上（2018）など。

図3.3　相互補完・共有の対象となる経営資源と協働課業

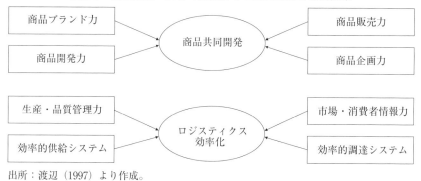

出所：渡辺（1997）より作成。

　なお、渡辺（1997）では指摘されていなかった点として、協働型PBにおいては、相互補完・共有の対象となる経営資源として相互が持つ「情報」の重要性を指摘しておきたい。たとえば、協働型PBにおいては、小売業が持つID付POSデータなどの顧客情報をメーカーと共有しながら商品企画を行っている。

　次に、協働型PBを製販提携の位置づけに基づいて評価すると「メーカーと小売の双方が具体的な戦略目標（協働課業）の実現を目指した経営資源の相互補完・共有する」という側面は当てはまる一方、「競合他社に対する競争優位の確立を企図する」という点については必ずしも当てはまらない。「競合他社」が仮に他の小売業とした場合、メーカーは取引先である「他の小売業」を競合相手とはみなせず、共通の「敵（競合）」というものは存在し得ないからである。また、「製販提携は双方によって、戦略的に選択される」という点については、双方が対等の関係で選択することを念頭においていることが想定される。しかしながら、協働型PBは、あくまでPBとして位置づけられ、小売業が主導する。したがって、役割などの共同化はあるものの、双方が対等・互恵的な関係というよりも小売業の統制のもとで協調的な中間組織が運営されることになる。

表3.4　Heide（1994）における取引形態

表3.4　Heide（1994）における取引形態

取引形態		特徴
市場的取引		市場の「見えざる手」によって最小限の調整が行われる。
非市場的取引	階層的取引	役割分担や環境編への対処に関する組織間の調整が、一方の当事者の権限によって計画的に行われる。
	双務的取引	階層的調整とは異なり、一連の調整プロセスが、組織間の情報共有を通じて対等かつ柔軟に行われる。

出所：結城（2014）より作成。

　この点について、結城（2014）は、Heide（1994）のいうところの双務的取引（協調関係）を前提とした取引費用アプローチの中間組織の捉え方は正確さを欠いており、どちらかの当事者が役割分担や環境変動に対処する方法を集中的に決定する階層的取引も中間組織に含まれるべきであると主張している（表3.4）。

　このように、協働型PBは、Heide（1994）における市場的取引と位置づけられる従来のPBとは異なり、商品共同開発という製販提携の協働課業と位置づけられる。一方で、両者の関係が必ずしも対等ではなく小売業主導であることから、純粋な製販提携とは言えない側面も存在することに留意が必要である。

3.6　小括

　本章では、第1章で示したようにメーカーとの共同開発を主張し、メーカーのブランドや製造者名が併記されるようなPBを「協働型PB」と呼ぶこととし、その理論的な位置づけを確認した。

　PBの多様な定義から、PBが協働型PBを含まれることを確認する一方で、類似概念であるダブルチョップは歴史的な経緯から単純にPBとして位置づけることの問題点を指摘した。

　次に、ブランド研究におけるコ・ブランディングとの違いも確認した。協働型 PB は、コ・ブランディグの一形態として捉えることができ、協働型 PB はメーカーと小売業がバリューチェーンにおける垂直的な関係であるという特性から、成分ブランディングに類似した位置づけとして捉えられる。ただし、成分ブランディングは一般的に一部の成分（クッキーにおけるチョコチップなど）に NB が用いられるケースを想定したものである。その点で、PB 製造そのものを NB（関連会社を含む）が担う協働型 PB の位置づけとは異なる点を指摘した。

　さらに製販の協働関係の視点から協働型 PB の位置づけを確認した。協働型 PB は、製販提携の商品共同開発の領域にあたるものの、PB という意味で小売業側が主導して進められる。その意味で、純粋に対等で双務的な取引関係とは言えず、階層的取引の側面を併せ持つことを指摘した。とはいうものの、市場取引的な従来の PB に比べれば、非市場的な取引関係を構築している点において協調関係が進化した PB であり、製販協働における協働型 PB の意義を確認することができたと考えられる。

第4章　日本におけるPBと協働型PBに対する消費者の意識変化

4.1　研究の背景

　日本におけるPBは2008年から2015年にかけて拡大し、日本のPBに関するさまざまな研究もこの時期に比較的活発に行われてきた。しかしながら、ここ数年は後述するようにPBに対する調査や研究の数も少なくなっており、基礎的なデータの収集が難しい状況となっている。たとえば、定期的にPBの市場規模などを調査・発表してきた富士経済は2014年に発刊された刊行物を最後にPBに関する出版を行っていない。同様に、PBに関する定期的な消費者調査結果を発表してきた流通経済研究所も2016年刊行物を最後に出版をしていない。調査会社としてPBに関する自主レポートを1〜2年ごとに発表していたマイボイスコムも2017年に実施した調査が最後となっている。

　このようにPBに関する調査などが積極的に行われなくなった要因として、日本のPB市場が成熟化し、ある程度市場の構造が固まってきたことが指摘できる。大手小売業の積極的なカテゴリー拡大がある程度一段落したこと、PBを導入する小売業も一定数を超え安定的になった側面も見逃せない。また大手NBメーカーにおいても、PBを脅威としてPBに対抗すべきか、PBと共存すべきか、といったような議論はひと段落し、矢作編（2014）が示すようなNBとPBの両面戦略、いわゆるデュアル・ブランド戦略が一般的に

なりつつある。

4.2　研究の目的

　日本の PB 市場が成熟化しつつある一方で、近年の PB を取り巻く環境は
変化している。協働型 PB の展開や PB の質の向上に加えて、新たな消費者
のトレンドを NB に先駆けていち早く取り入れようとするような動きも進展
している。たとえば、オーガニックやナチュラル、海外の食文化といった付
加価値型のテーマが PB において積極的に取り入れられようとしている。こ
のような PB の進化は、消費者の PB に対する態度を変化させている可能性
もある。そこで本章では、PB に関する消費者調査から2020年における PB
に対する消費者の意識を明らかにするとともに、重冨（2015）等の既存研究
との比較を通じて、消費者の態度の変化についても考察する。なお、本研究
の2020年とは実査を行った2020年 2 月時点であり、新型コロナウイルス感染
症の拡大に伴う移動制限や経済活動の制限の影響は含まれていない。

4.3　PB に対する消費者の意識についての既存研究

　日本の消費者の PB に対する意識を包括的に分析した研究として、重冨
（2015）がある。重冨（2015）は、日本の PB の発展段階を根本（1995）が
示す 4 段階に基づき、2007年からのプレミアム PB の本格的導入と成長が特
徴である第 3 段階、2009年からの低価格 PB の再導入と階層の明確化が本格
化する第 4 段階があるとし、この第 4 段階における PB に対する消費者の意
識・態度を明らかにすることを目的に2014年に調査を行っている。
　調査結果からは、PB は消費者に広く認知され、日常的に購入されている
ことや、PB ＝「安かろう、悪かろう」といった画一的な認識で PB が忌避
される傾向が弱まっていることなどの点が明らかになっている。

4.4　調査概要

　2020年2月に1都6県(東京都、神奈川県、埼玉県、千葉県、茨城県、群馬県、栃木県)の20代から60代の女性1152名に対してインターネット調査を実施した。10歳刻みの年齢層を国勢調査の人口分布に近い形となるよう割付を実施した。

　調査項目は重冨（2015）を参考に、PB に対する認知と購入状況に関する項目、PB に対する態度に関する項目、具体的な PB に対する評価の項目、今後の PB 利用意向の項目を設定した。

4.5　調査結果

4.5.1　PB の認知と購入

　2020年2月段階での消費者の PB の銘柄別の認知度、リピート購入（2回以上購入）、最頻購入の割合は表4.1のとおりである。認知度については、セブンプレミアムが最も高く、次いでトップバリュが続く、その次に位置づけられるのがローソンセレクトなどのコンビニ PB やセブンプレミアム・トップバリュなどのサブブランドである。一方で最頻購入に目を転じると、セブンプレミアムを除くコンビニ PB は総じて低く、みなさまのお墨付きやコープなどの食品スーパーや生協の PB が高い結果となった。コンビニなどでの PB の購入は一般的になっているものの、あくまで補完的な購入にとどまっていることが想定される[1]。

　重冨（2015）では、スーパーマーケットの最頻利用チェーンの PB につい

---

1)　コンビニエンスストアの PB が補完的な購入にとどまっているという結果については、女性を対象に聴取したという影響もあると考えられる。今回対象としない男性を含めて考えれば、コンビニエンスストアの PB 購入が高まる結果となることが想定される。

表4.1　PB 銘柄別の認知と購入

PB の銘柄	認知 n	認知 %	リピート購入 n	リピート購入 %	最頻購入 n	最頻購入 %
セブンプレミアム（セブン＆アイ）	877	76.1	418	38.7	148	13.7
トップバリュ（イオン）	808	70.1	363	33.6	154	14.3
ローソンセレクト（ローソン）	664	57.6	217	20.1	27	2.5
セブンゴールド（セブン＆アイ）	572	49.7	210	19.5	38	3.5
ナチュラルローソン（ナチュラルローソン／ローソン）	558	48.4	141	13.1	18	1.7
トップバリュ　セレクト（イオン）	531	46.1	205	19.0	35	3.2
CO-OP（コープ）〔コープ（レギュラー商品）、コープクオリティ等〕	497	43.1	174	16.1	65	6.0
ファミリーマートコレクション（ファミリーマート）	496	43.1	182	16.9	19	1.8
みなさまのお墨付き（西友）	485	42.1	218	20.2	90	8.3
トップバリュ　ベストプライス（イオン）	474	41.1	183	17.0	31	2.9
トップバリュ　グリーンアイ　オーガニック／フリーフロム／ナチュラル（イオン）	427	37.1	137	12.7	16	1.5
カインズ／CAINZ（カインズ）	406	35.2	137	12.7	28	2.6
CGC（シジシージャパン）〔CGC、CGC プライム、CGC オーガニック、断然お得、食彩鮮品、くらしのベスト、V パック、ショッパーズプライス、適量適価等〕	300	26.0	135	12.5	37	3.4
きほんのき（西友）	293	25.4	128	11.9	21	1.9
生活（くらし）良好（サミット他）	282	24.5	107	9.9	24	2.2
V マーク／バリュープラス（関東私鉄系スーパー他）	240	20.8	90	8.3	20	1.9
ベイシア（ベイシア）	230	20.0	85	7.9	23	2.1
くらしモア（ライフ／エコス／ユーコープ他）	193	16.8	66	6.1	9	0.8
イエス！ヤオコー／Yes!Yaoko（ヤオコー）	175	15.2	109	10.1	35	3.2
スターセレクト（ライフ／ヤオコー）	143	12.4	72	6.7	12	1.1
スマイルライフ（ライフ）	135	11.7	69	6.4	17	1.6
東急ストアプラス／Tokyu Store＋（東急ストア）	133	11.5	47	4.4	13	1.2
eatime（マルエツ／カスミ／マックスバリュ）	94	8.2	40	3.7	8	0.7
その他	3	0.3	7	0.6	5	0.5
PB は１つも知らない	73	6.3	186	17.2	186	17.2
全体	1152	100.0	1079	100.0	1079	100.0

ての認知や購入について聴取している。なお、重冨（2015）では、三大都市圏の女性を調査対象としている一方で、本研究では関東 1 都 6 県の女性に対して調査を実施しているため、地域の偏重による違いが出てくる可能性があることに留意したい。重冨（2015）の結果では、98% が何らかの PB 銘柄を認知しており、90% が最近 1 年間に PB の「購入経験」があり、85% が PB を「繰り返し（2 回以上）購入」していた。今回の研究の結果では、93.7% が何らかの PB 銘柄を認知しており、83.8% が PB を「繰り返し（2 回以上）購入」する結果となっており、重冨（2015）に比べるとやや低い数値となっているものの大きな傾向の違いはないと捉えられる。

　銘柄別に確認すると、トップバリュとセブンプレミアムの認知と購入率が高い一方で、トップバリュセレクトやセブンプレミアムゴールドといったプレミアム PB の購入率が認知率に比して低いことが示されている。また、低価格 PB であるベストプライスについては、プレミアム PB であるトップバリュセレクトよりも認知率・購入率が低い結果となっている。

　重冨（2015）においても、トップバリュとセブンプレミアムの認知と購入率が高いという結果は一致している。一方で、「プレミアム PB よりも低価格 PB の認知、購入率が高い」という重冨（2015）と、「プレミアム PB の方が低価格 PB よりも認知、購入率が高い」という今回の調査における傾向の違いについては、プレミアム PB が徐々に浸透する一方で、低価格 PB が伸び悩んでいる現状を示したものといえるだろう。

4.5.2　PB に対する消費者の態度

　PB に対する消費者の意識について「あてはまる」、「ややあてはまる」、「どちらとも言えない」、「ややあてはまらない」、「あてはまらない」の 5 段階で確認を行った。「あてはまる」、「ややあてはまる」の上位 2 段階の結果を集計したものグラフが、図4.1である。この結果から、消費者の PB に対する意識として多くの人に共通するのが「PB を買ったり使ったりすることに抵

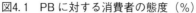

図4.1 PB に対する消費者の態度（%）

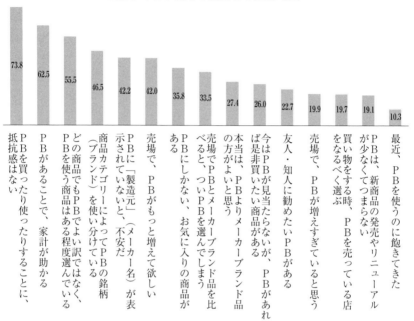

73.8	PBを買ったり使ったりすることに、抵抗感はない
62.5	PBがあることで、家計が助かる
55.5	PBを使う商品はある程度選んでいる
46.5	商品カテゴリーによってPBの銘柄（ブランド）を使い分けている
42.2	どの商品でもPBでよい訳ではなく、PBを使う商品はある程度選んでいる
42.0	PBに「製造元」（メーカー名）が表示されていないと、不安だ
35.8	売場で、PBがもっと増えて欲しい
33.5	PBにしかない、お気に入りの商品がある
27.4	売場でPBとメーカーブランド品を比べると、ついPBを選んでしまう
26.0	本当は、PBよりメーカーブランド品の方がよいと思う
22.7	今はPBが見当たらないが、PBがあれば是非買いたい商品がある
19.9	友人・知人に勧めたいPBがある
19.7	売場で、PBが増えすぎていると思う
19.1	買い物をする時、PBを売っている店をなるべく選ぶ
10.3	最近、PBを使うのに飽きてきた／PBは、新商品の発売やリニューアルが少なくてつまらない

抵抗感はない（73.8%）」ことと「PBがあることで家計が助かる（62.5%）」点である。一方で、「PBを使う商品はある程度選んでいる（55.5%）」「商品カテゴリーによってPBの銘柄（ブランド）を使い分けている（46.5%）」などPBの選別や使い分けが進んでいる様子もうかがえる。さらに「PBに製造元（メーカー名）が表示されていないと不安だ」という項目も回答の上位となっている。

重冨（2015）では今回の調査とほぼ同じ項目で聴取した結果の経年比較（2014年、2012年、2009年）を行っている[2]。どの年の調査においても「PBを買ったり使ったりすることに抵抗感はない」ことと「PBがあることで家

---

2) 関東圏の既婚女性において聴取した結果を比較しており、今回の調査と類似したサンプルと捉えることができる。

計が助かる」といった点に対する意識が高いことは共通していた。なお、2009
年はセブンプレミアムやトップバリュなどの PB が強化された時期であり、
「PB が売場にもっと増えてほしい」といった PB に対する好意的な受け止め
の一方、「PB に製造元（メーカー名）が表示されていないと不安だ」とい
う品質に対する不安も高かったのが他の年との大きな違いである。一方、2014
年は景気回復期であったことから、「PB があることで家計が助かる」といっ
た点に対する意識が他の年に比べて低く、「PB を使う商品はある程度選ん
でいる」と回答する人の割合が高かったという特徴が見られた。

　今回の調査では、「PB があることで家計が助かる」と回答した人の割合
が「PB を使う商品はある程度選んでいる」と回答した人の割合よりも多く、
家計防衛に PB を活用する意識が高まっていると見られる。また、「今は PB
が見当たらないが、PB があればぜひ買いたい商品がある」「友人・知人に
勧めたい PB がある」といった回答が、今回の調査では相対的に高く、PB
に対する受容度や推奨意向が高まっている様子が伺える。

　なお、このような消費者の意識の違いが年齢層などの属性によって生じる
のかについても確認を行った。世帯人数、年齢層、世帯年収によって確認を
行ったが、その中でも違いに明確な傾向が見られた年齢層について見ておく
（表4.2）。

　年齢層は、20代から10歳刻みで60代以上までの6区分となっているが、20
〜30代とそれ以外の層では傾向が異なることが多かった。特に年齢層で違い
が出たのが、「売場で PB とメーカーブランド品を比べると、つい PB を選
んでしまう」、「本当は、PB よりメーカーブランド品の方がよいと思う」、「PB
に「製造元」（メーカー名）が表示されていないと、不安だ」、「PB にしか
いない、お気に入りの商品がある」、「PB があることで、家計が助かる」、「最
近、PB を使うのに飽きてきた」といった項目である。20〜30代の若い世代
の特徴として、「売場で PB とメーカーブランド品を比べると、つい PB を
選んでしまう」、「PB にしかいない、お気に入りの商品がある」という PB

表4.2　PBに対する消費者の態度（年齢層別）（%）

	売場でPBとメーカーブランド品を比べると、ついPBを選んでしまう	本当は、PBよりメーカーブランド品の方がよいと思う	PBに「製造元」(メーカー名)が表示されていないと、不安だ	PBにしかない、お気に入りの商品がある	PBがあることで、家計が助かる	最近、PBを使うのに飽きて来た
20〜29歳	44.6	27.3	36.0	33.1	67.6	14.4
30〜39歳	39.0	36.0	42.7	31.1	65.9	16.5
40〜49歳	34.1	26.4	41.8	28.6	66.8	9.5
50〜59歳	28.7	25.8	45.5	22.5	57.9	7.3
60歳以上	24.5	22.9	43.8	16.7	55.2	5.7

に対する肯定的な意識が見られる一方で、「本当は、PBよりメーカーブランド品の方がよいと思う」という点が他の世代よりも高い傾向にある。一見矛盾するような意識であるが、「PBがあることで、家計が助かる」、「最近、PBを使うのに飽きてきた」といった項目が他の世代よりも高いことを勘案すると、「PBは安いので積極的に利用しているものの、ややPBに飽きており本当はNBの方がよい」といった意識があるものと思われる。

　「PBに『製造元』（メーカー名）が表示されていないと、不安だ」という項目については、他の世代が4割強と比較的高い回答率であったのに対して、20代は3割前半と低くなっている。安全性よりも、安さなどを重視している様子が伺われる。

4.5.3　主要PBに対する消費者の評価

　主要PBであるトップバリュ、セブンプレミアム、みなさまのお墨付き、コープ商品について、各PBの最頻購入者の評価（満足度）を示したのが表4.3である。満足度が最も高いのがセブンプレミアムで、次にみなさまのお墨付き、CO-OP、トップバリュの順となっている。ただし、評価を5点満

表4.3　主要 PB の満足度（各 PB の最頻購入者）

PB 銘柄	人数	満足している	やや満足している	どちらともいえない	あまり満足していない	満足していない	5 段階評価
	（人）	（%）	（%）	（%）	（%）	（%）	
全体	893	24.7	49.9	22.5	2.5	0.3	3.959
トップバリュ（イオン）	154	24	51.9	20.8	3.2	0	3.964
セブンプレミアム（セブン＆アイ）	148	28.4	52.7	18.2	0.7	0	4.088
みなさまのお墨付き（西友）	90	24.4	56.7	18.9	0	0	4.055
CO-OP（コープ）	65	26.2	52.3	20	1.5	0	4.032

点の点数換算して比較すると平均は 4 前後で大きくは変わらない。最頻利用購入の PB に対する評価であることもその要因の一つであると考えられる。なお「満足している」、「あまり満足していない」という点に絞ってみると、セブンプレミアムと CO-OP の商品に満足している人が多い一方で、あまり満足していないと回答した人はトップバリュと CO-OP が他の PB に比べて高い結果となっている。

　次に、PB の詳細な評価についても確認を行っている。各項目について、「満足している」「やや満足している」と回答した割合をまとめたものが表4.4である。評価の違いが明確だったのが、「味や品質が良い」という品質に関する項目と、「安全性が高い」、「原産地、原材料などの情報開示がなされている」、「メーカー名が明示されている」、「信頼できるメーカーが作っている」といった安全・安心に関わる項目である。いずれの項目においても CO-OPが高い評価を得ていた。一方で、セブンプレミアムは CO-OP に次いで「味や品質が良い」されており、「メーカー名が明示されている」、「信頼できるメーカーが作っている」といった部分でも評価を得ているが、それらが必ずしも「安全性が高い」と思われていない実態がうかがえる。また、トップバリュやみなさまのお墨付きについては他の PB と比較して大きな評価の違いが見いだせなかった。

　重冨（2015）ではトップバリュ、セブンプレミアム、CO-OP の評価につ

表4.4　主要 PB の項目別評価（Top2Box）（%）

	全体 n＝893	トップバリュ （イオン） n＝154	セブンプレミアム （セブン＆アイ） n＝148	みなさまのお墨 付き（西友） n＝90	CO-OP （コープ） n＝65
味や品質がよい	59.1	53.9	62.2	57.7	72.3
幅広いカテゴリーで商品が作られている	55.9	61	58.8	61.1	56.9
1商品あたりの種類（味、タイプ等）が豊富である	39.1	42.9	37.2	36.7	35.4
容量や入っている個数がちょうどよい	57.9	60.3	56	64.5	58.5
安全性が高い	47.2	43.5	40.5	43.3	61.5
原産地、原材料などの情報が開示されている	47.9	40.9	44	38.9	67.7
製造元（メーカー名）が明示されている	52.7	44.8	61.4	41.1	67.7
信頼できる製造元（メーカー）が商品を作っている	53.1	48.1	60.8	46.7	64.6
売っている店が、有名／大手の小売業である	57	61.7	60.1	63.3	50.7
新商品を、よく発売している	32.3	24	33.8	28.9	33.9
発売後の商品を、改良・改善している	42.4	38.3	40.6	48.9	47.7
店の売場で商品が見つけやすい	62.3	59.1	66.9	68.9	69.2
品切れが少ない	61.8	60.4	58.8	71.1	72.3
入手しやすい（普段行く店で売っている）	70.8	71.4	71.6	80	66.2
包装／商品パッケージが簡易である	58.8	59.1	56.7	57.8	66.2
常に、一定の低価格で売っている	69.9	74.7	71.7	77.7	72.3
ときどき、特売している	35.1	29.9	27.7	28.9	44.6
メーカーブランド品に比べて、価格が安い	72.7	78	68.9	80	69.2
よく、テレビCMを見かける	20.6	15.5	18.9	13.3	15.4
チラシに、商品がよく掲載されている	28.1	23.4	23.7	23.4	38.5

いて 3 大都市圏の女性を対象にした結果を示しているが、今回の傾向と大きく異なる傾向として、以下の点が存在する。まず「味や品質が良い」という点についてセブンプレミアムの相対的な低下が見られる。

　重冨（2015）では、「味や品質が良い」という点についてセブンプレミアムと CO-OP では同レベルの評価であったが、今回は CO-OP の次にセブンプレミアムといった順序が明確に見られる。また「安全性が高い」という点についても、重冨（2015）では CO-OP、セブンプレミアム、トップバリュという順序が明確であったが、今回の調査ではトップバリュとセブンプレミアムの安全性に明確な違いは見られず、むしろセブンプレミアムの評価が最も低い評価となっていた。

4.5.4　今後の PB 購入金額の増減

　今後の食品・日用品の PB の購入金額は今後増えると思うかを確認する。「増えると思う」「やや増えると思う」と回答した割合は 4 割を超えている（表4.5）。一方で、「やや減ると思う」「減ると思う」と回答した割合は 1 割に満たなかった。重富(2015)では、関東の既婚女性を対象に経年での比較を行っている。2009年における「増えると思う」「やや増えると思う」と回答した割合が最も高く 4 割を超えている。その後、「増えると思う」「やや増えると思う」と回答した割合は減少傾向にあり、2014年には 3 割を切るまでになった。PB に対する支出の増加は低減傾向にあることが示されていた。一方で、今回の結果は「増えると思う」「やや増えると思う」と回答した割合が最も高く 4 割を超えており、重冨（2015）と比較すると高い水準にある。これは、2019年10月から消費税率が引き上げられたことなどによる節約意識の高まりなどが影響していると推察される。

　年齢別にみてみると、20〜30代の比較的若い世代が他の世代に比べて「増えると思う」「やや増えると思う」と回答している。40代以上は、減ると回答した割合も若い世代同様に少なく、若い世代に比べて「変わらない」と回

表4.5　PBの購入金額

	人数 （人）	増えると思う （％）	やや増える と思う （％）	変わらない （％）	やや減る と思う （％）	減ると思う （％）
全体	893	11.1	29.2	57.0	2.0	0.7
20〜29歳	139	19.4	33.8	43.9	2.9	0.0
30〜39歳	164	12.8	30.5	51.8	3.7	1.2
40〜49歳	220	08.6	28.6	60.9	1.4	0.5
50〜59歳	178	07.9	26.4	64.0	0.6	1.1
60歳以上	192	09.4	28.1	59.9	2.1	0.5

答した割合が高かった。

4.6　小括

　今回の調査対象者において、PB の購入や利用に対する抵抗感はないと回答する人が7割強となっていること、PB を2回以上購入している人も7割強となっていることから、日本の消費者の中で PB が定着しており、PB が日常的に購入されていることが確認できた。

　一方、PB に求めるものはその時期の背景等によって異なっている。今回の調査では、消費税率引き上げ後半年たっていない時期に調査したこともあって、重富（2015）などの調査よりも節約や家計防衛的な側面で PB が評価されており、今後の PB 購入意向も比較的高い結果となった。一方で、「友人・知人に勧めたい PB がある」といった PB の推奨意向が高まっている点にも注目したい。従来、PB は NB の下位互換として価格で選択されることが多かったが、価格以外の要因でも推奨する点が出てきた可能性がある。

　ブランド別の評価では、セブンプレミアムの評価が高かったものの、項目別の評価では重富（2015）の結果と比較して「味・品質」「安全性」などの面においてセブンプレミアムとトップバリュなど他の PB との差が開きにく

くなっている点に注目する。他の PB が商品改良を行い差がつきにくくなっていることや、CO-OP 商品など特徴がある PB を除き PB 間での違いが見えにくくなっている可能性などが想定される。また、第 7 章において検討する食品表示法の影響も指摘できる。食品表示法の施行によって、製造者名や製造工場の場所を表示することが原則化された。2020年 4 月までが表示の対応期限となっており、多くの小売業の PB において法に則した対応が求められている。食品表示法に対応し、たとえばトップバリュは2019年度から順次、製造委託先を明記していく方針を示した。このように通常の PB においてもメーカー名等の情報がパッケージで表示されるようになることで、協働型PB において独自にメーカー名やメーカーブランドを表示して品質や安全性を示すという効果が薄れている可能性がある。なお、食品表示法の影響については第 7 章で改めて検証する。

第5章　協働型 PB の成功要因に関する研究[1]

5.1　研究の目的

　協働型 PB の成功要因として、メーカーとの共同開発であることを主張したことで、消費者の PB に対する知覚品質やブランドイメージ等にプラスの影響を及ぼしたからであるという議論がある。しかし、このことについてきちんと検証された研究は存在していない。そこで、本章では消費者の協働型 PB に対する態度形成のメカニズムを明らかにし、上記のような議論について検証を行う。

　なお、PB の成功をどのように捉えるかという点については、PB の研究レビューを行った Hyman et al.（2010）における整理を基に、最終的には NB や他 PB と比較した販売数量の多さ（high-volume）や高収益性（profitable）としておきたい。また、協働型 PB は成功しているのか否かという点については、第2章において協働型 PB の代表例であるセブンプレミアムが一般的な PB の代表例であるトップバリュよりも売上を拡大してきている点を確認しており、協働型 PB は現時点で成功しているという前提にたって議論することに差し障りはないものと考えられる。

---

1)　本章は神谷（2018）に大幅な加筆修正を行ったものである。

5.2　PB の成功要因に関する既存研究の整理

5.2.1　国内の文献レビュー

　協働型 PB が日本において拡大した要因を検討するため、まず PB の成功要因に関する既存研究の整理を行う。PB については、これまでもさまざまな研究が行われている。

　国内の文献については、寺本（2014）が PB の先行研究を PB の市場戦略と PB の商品評価の 2 つに大別して整理を行っている。寺本によると、PBの市場戦略についての先行研究例は多岐にわたっているが、欧米の事例に絡めて日本の市場について分析・考察する研究が非常に多いとしている。一方、PB の商品評価に関する研究は、欧米では多岐にわたっているものの、日本の市場に関してはさほど多くは扱われておらず、その理由として日本ではPB 市場よりも NB 市場が圧倒的に大きく、消費者行動研究者やブランド研究者の関心が NB の評価に向きがちであることを指摘している。

　PB の成功要因に関する研究は、主として寺本（2014）における PB の商品評価に関する研究に含まれる。小林（2006）はプレミアム PB が増えてきていることを受け、単なる NB と PB という二分法で比較分析することを再考すべきだということを過去の PB と NB の比較研究のレビューを通じて提案している。また、清水（2002）は PB の普及の可能性として、PB の浸透率に影響する要因を分析しており、その結果として、PB の浸透率には当該店舗へのストアロイヤルティが大きく影響していることが明らかになっている。鶴見（2009）は PB の売上の拡大要因を消費者パネルの購買履歴データを用いて分析しており、その結果として、PB の売上拡大は、消費者 1 人当たりの PB 購入カテゴリー数の増加が要因となっていることを明らかにしている。宮下（2011）は PB の知覚リスクに着目し、PB の購入時に、不安や

ためらいをどの程度感じているかについて明らかにしている。宮下（2011）によると、PB への知覚リスクと PB 購買実績の関係を見たところ、価格に関するリスク以上に商品の本質的な価値に対する不安やためらい、友人や家族といった周囲の評価が強く関係していることが明らかになっている。寺本（2014）は、ショッパーの意思決定の中でも特に情報共有に着目し、ショッパー間の情報共有に影響を与える PB の知覚品質要件について、PB を買うための知覚品質要件と PB を知人・友人に勧めたくなる知覚品質要件が異なることを明らかにしている。

5.2.2　海外の文献レビュー

　海外の文献については、Hyman et al.（2010）が行った PB に関する文献レビューがある。彼らは、1990年以降の論文を Business Source Premier から「private label brand」と「national brand」のキーワードで抽出し、ヒットした73の論文の分類を行った。彼らは、PB の研究を PB の価値や便益（benefit）に関する研究と PB の市場シェア獲得の成功要因に関する研究に大別して論文の整理を試みている。

　まず、PB の価値や便益に関する研究は、それぞれのプレイヤーにとっての価値や便益について述べられたものであり、小売業にとっての便益、メーカーにとっての便益、小売業・メーカー双方にとっての便益に分かれる。小売業にとっての便益とは、製品カテゴリーにおける全体的な利益向上、粗利益率の高さ、NB メーカーに対する交渉力の拡大、リスクの低減、チェーンの差別化、ストアロイヤルティの増加、価格志向な消費者の誘引などについての研究がある。メーカーの便益については、メーカーの収入の拡大可能性、NB 価格値上げの条件、メーカー間競争の低減などの研究がある。双方の便益については、カテゴリー全体への支出向上、NB・PB 双方の利益向上などの研究がある。

　一方、PB の成功要因に関する研究については、①品質に関連する要因、

②価格に関連する要因、③製品カテゴリーに関連する要因、④小売業に関連する要因、⑤消費者に関連する要因に分類される（表5.1）。以降、各成功要因の内容について確認する。

5.2.3 品質に関連する要因

品質に関連する要因であるが、①高品質な PB、②品質の一貫性、③カテゴリーにおける品質のばらつきの小ささ、④表示のみでの品質の理解のしやすさ、が挙げられている。

まず、高品質な PB については、小売業のイメージを改善し、小売業をスイッチするコストを上昇させ、NB の価格プレミアムを縮小させることが明らかになっている。また、高品質の PB は、広告投入によるプレミアムがないため、支払い意欲に対する顧客の異質性を利用することができる（広告されていない PB は、広告された NB を望む顧客と望まない顧客の間で価格の差別化を可能とする）。したがって、NB 同等品質の PB は価格プレミアムの恩恵を受ける。

次に、カテゴリー内における品質のばらつきが低いと PB シェアが高くなることが明らかになっている。特に広範囲に拡張した PB において PB のシェアを維持するためには、品質のばらつきを最小化する必要がある。逆に品質のばらつきが高いと、知覚リスクを低減させるため NB を選択する傾向にある。

さらに記述された表示から品質が理解しやすいカテゴリーでは、PB の購入が高まる傾向にある。NB のイメージを定量化するのは難しいが、PB と NB の価格差が NB のイメージの正当化に用いられることはよくある。消費者は、パッケージのラベル情報だけではなく、試用・体験を通して評価できる利点がある製品カテゴリーにおいて、PB の購入数を減少させる。すなわち、経験特性の低い商品カテゴリーの NB に割高な価格を支払うことに抵抗がある。経験的特性は、品質のばらつきを感じやすくするとともに、購入ミ

表5.1　PB の成功要因に関する研究の整理

領域	PB の成功につながる要因	該当する主要な研究
品質関連	①高品質な PB	Richardson et al.（1994）, Sethuraman & Cole（1999）, Batra & Sinha（2000）, Liu & Wang（2008）, Raju et al.（1995）, Ailawadi & Harlam（2004）, Bonfrer & Chintagunta（2004）
	②一貫した品質の PB	Richardson et al.（1996）, Putsis & Cotterill（1999）
	③カテゴリーにおける低い品質のバラつき	Semeijn et al.（2004）
	④商品説明表示単独で品質が評価可能	Ailawadi et al.（2001）, Collins-Dodd & Lindley（2003）
価格関連	①NB と PB の価格差が大きい	Sethuraman & Cole（1999）, Raju et al.（1995）,
	②NB と PB の交差価格弾力性が大きい	Richardson et al.（1996）, Vahie & Paswan（2016）
	③EDLP 政策をとる	Sethuraman & Cole（1999）
	④小さな値引きを頻繁に行う	Berck et al（2008）
製品関連	①人気があり、マージンの高いカテゴリー	Richardson et al.（1994）, Richardson et al.（1996）
	②多様性のあるカテゴリー	Sethuraman & Cole（1999）, Putsis & Cotterill（1999）
	③高い PB シェアのカテゴリー	De Wuif et al.（2005）
	④NB がほとんどないカテゴリー	Richardson et al.（1994）, Richardson et al.（1996）, Sethuraman & Cole（1999）
	⑤リスクが低いカテゴリー	Richardson（1997）, Ailawadi et al.（2001）, Ailawadi & Harlam（2004）
小売業関連	①NB とポジショニングが似ている	Sethuraman & Cole（1999）, Ailawadi et al.（2001）, Bonfrer & Chintagunta（2004）
	②大規模チェーンで店舗数が多い	Sethuraman & Cole（1999）
	③多様なカテゴリーで PB を展開	Sethuraman & Cole（1999）, Putsis & Cotterill（1999）
	④PB と NB のバランスが良い	Liu & Wang（2008）
	⑤店舗に対するイメージや雰囲気の評価が良い	Collins-Dodd & Lindley（2003）, Semeijn et al.（2004）
	⑥消費者の小売業と PB に対する情緒的／機能的信念が一致している	‒
	⑦PB の製造を中小よりも大手に委託している	Amrouche & Zaccour（2007）
消費者関連	①低所得者が多い	Sethuraman & Cole（1999）, Cotterill & Putsis（2000）, Collins-Dodd & Lindley（2003）
	②価格と品質の関係を拒否する顧客が多い	Ailawadi et al（2001）, Swan（1974）
	③PB 好きの顧客が多い	Swan（1974）, Hoch（1996）
	④価格に敏感でディール好きな顧客が多い	Baltas et al.（1997）, Richardson（1997）, Pauwels & Srinivasan（2004）, Sayman & Raju（2004）, Swan（1974）
	⑤店舗ロイヤルな顧客が多い	Semeijn et al.（2004）

出所：Hyman et al.（2010）を一部抜粋して作成。

スをした場合の結果を感じやすくし、それがPBの購入率を低下させる。数値化できない経験属性に頼る消費者はNBを選ぶ傾向があり、感覚的属性よりも思考を重視する消費者はPBを選ぶ傾向があるとしている。

5.2.4 価格に関連する要因

次に価格に関連するPBの成功要因として、①PBとNBの価格差が大きいとPBの売上が高まる傾向にあること、②交差価格弾力性がNB間では低くNBとPB間で高い場合はPBのシェアが高まる傾向にあること、③EDLP政策は低価格カテゴリーにおいてはPBに有利になること、④頻繁に小さな値引きを行うカテゴリーではPBが恩恵を受けやすいことが明らかになっている。

まず、製品カテゴリーにおけるPBとNBの小売価格が近ければ近いほど、NBメーカーの移転価格は高くなり、小売業者のNBに対するマージンは低くなる。しかし、価格差が小さい場合でも、NBの売上の拡大に伴って製品カテゴリーの一次需要が増加し、市場シェアの高いPBのカテゴリーではPBの売上が増加するといった小売りにとってもメーカーにとってもメリットを創出する行動に出ることが多くなっている。

次に、NB間のシェアが価格変動の影響を受けない場合（交差価格弾力性が低い場合）には、NBのメーカーは価格競争を回避する傾向がある。逆に、PBの価格が下がったときにPBに対する需要が著しく増加した場合（つまり、交差価格弾力性が高い場合）、小売業者はPBとNBの価格差を拡大しようとする。両方の条件が一般的に当てはまるように、PBとNBの価格ギャップが大きい場合には、PBが最も効果的である。しかし、この要因には2つの注意点がある。第一に交差価格弾力性は製品のサブカテゴリーによって異なること、第二に定期購入したNBの価格が上昇した場合には、PBではなく、NB間で乗り換える可能性が高いことである。

5.2.5　製品カテゴリーに関連する要因

　製品カテゴリーに関連する PB の成功要因として、①多様な商品を展開するカテゴリーであること、②人気で利益率の高いカテゴリーであること、③PB のシェアが高いカテゴリーであること、④競合する NB が少ないカテゴリーであること、⑤リスクが低いカテゴリーであること、が挙げられる。

　小売業者は、PB の立ち上げに伴う費用を回収できる可能性の高い商品カテゴリーに注力する傾向がある。その結果、期待される ROI が低い製品カテゴリーにリソースを割くことに抵抗があるものと想定される。シェアの高い PB が存在するカテゴリーでは、シェア構築戦略を成功させることは難しい。このような場合には、コストのかかる NB の値下げ戦略が必要になってくる。

　低価格で比較的参入障壁の低い PB であっても、高いシェアを維持することは、競争の激しい製品カテゴリーでは困難である。しかし、ドイツの小売業者の中には、PB の高い市場シェアを維持するために、低価格で商品を多様化する戦略を採用しているところもある。たとえば、アルディは飛行機のチケットを割引価格で販売し始め、リドルは旅行パッケージや宅配サービスを提供し始めた。

　リスクの高い商品カテゴリーでは、消費者は NB にプレミアム価格を支払うことを望んでいる。たとえば、トイレタリーのブランド選択の誤りよりも、ベビーフードブランド選択の誤りの方が、消費者の落胆が大きい。この傾向は、認知された PB と NB の品質差が大きくなるにつれて増加する。

5.2.6　小売業に関連する要因

　小売業に関連する PB の成功要因として、① PB が NB と類似したポジショニングをとっている場合、②多くの地域小売業において取り扱いが行われる場合、③さまざまな製品カテゴリーで PB が取り扱いされている場合、

④ PB と NB のバランスがとれている場合、⑤好意的な店舗イメージや好ましい店舗の雰囲気がある場合、⑥小売業と PB に対する消費者の快楽や機能に関する信条が一致している場合、⑦ PB の製造を中小メーカーではなく NB に任せる場合がある。

　小売業は、自社の PB を、魅力的でプレミアム価格ではない NB の代替品としてポジショニングすることができる。PB から NB への同様のポジショニングは、小売業者の NB メーカーとの交渉力を強化する。小売業の中には、模倣戦略を採用しているところもある。棚の近接性とパッケージの類似性を通じて、顧客に模倣された低価格の PB を購入するように促す。倫理的には問題があるが、この模倣戦略にはコスト面でのメリットがある。しかし、最適なポジショニング戦略は、PB の品質と NB の競合他社の性質に依存する。NB が差別化されている場合、小売業者は高品質（または低品質）の PB をより強い（または弱い）NB の近くに配置すべきである。NB は未分化なので、小売店は PB を NB から離れた位置に配置すべきである。

　規模の経済性の効果によって、地域内において多くの店舗を展開する小売業が比較的成功している。PB に対する継続的な需要が増えれば、小売業者は、パッケージラベルの印刷コストの低下、サプライヤーからの価格の改善、在庫保有コストの低下などを享受することが可能になる。

　このような多様性は、PB 関連のプロモーション活動のような領域での範囲の経済性を可能にする。PB をさまざまな製品カテゴリーに拡大することは、専門知識、信頼性、市場へのコミットメントを示すものであり、その結果、肯定的なブランドイメージを誘導することになる。

　PB では、製品カテゴリーを超えて、より一般的で顕著になるにつれて、より多くの人に利用されるようになる。

　PB は小売業者の利益を押し上げ、NB メーカーとの交渉上の優位性を高めるが、対照的に NB はトラフィックビルダーの役割を担う。過剰に PB を保有していると、収益性の高い買い物客の反発を招く可能性がある。PB の

特性を維持するためには、小売業者は十分な NB の購入客を惹きつけなければならない。

　魅力的な店舗レイアウトや雰囲気が、PB に対する顧客の好意的な評価を促す。また、高級感のある店舗イメージは、顧客を価格ベースの品質推論を展開し、PB を好むように導く。

5.2.7　消費者に関連する要因

　消費者に関連する PB の成功要因として、①低所得世帯が多い場合、②価格と品質の関係を否定する顧客が多い場合、③ PB を好む消費者が多い場合、④価格に敏感で取引を行う傾向の顧客が多い場合、⑤小売業への忠誠心が高い顧客が多い場合がある。

　低所得者世帯は、制約の多い予算のため低価格の PB を利用している。低所得者層の消費者は、NB と PB の価格差が大きい場合、価格に敏感である。小売業にとって収益性の高い顧客は PB に多くを費やす傾向があるため、小売業者があまり裕福でない顧客をターゲットにすると、PB のパフォーマンスが向上する。

　価格と品質の関係を信じることは、しばしば低価格の PB の購入を妨げる。多くの消費者は、PB が価格に見合った高い価値を提供していると考えている。

　PB の購入傾向は、PB の親しみやすさ、製品の品質を判断するための外在的手掛かり（価格や包装など）への依存、曖昧さへの不寛容さ、NB と PB の間での品質のばらつきの少なさと関連している。

　価格意識の高い顧客は、PB に対して肯定的な態度を示し、購入意欲を持っている。参照価格が低い消費者にとっては、PB が NB よりも第一選択となる。

　多くの高店舗ロイヤルカスタマーおよび与えられたカテゴリーでの PB 購入の可能性は、そのような顧客の数に応じて増加する。

5.3　協働型 PB の成功要因を検討するうえでの視点

　Hyman et al.（2010）の PB の成功要因についてのレビューを基に、協働型 PB の成功要因としていかなる視点から検討を行うべきかについて確認する。Hyman et al.（2010）では PB の成功要因として、①品質に関連する要因、②価格に関連する要因、③製品カテゴリーに関連する要因、④小売業に関連する要因、⑤消費者に関連する要因に分類している。

　この分類を協働型 PB に当てはめると、③製品カテゴリーに関連する要因はカテゴリー特定的なものであり、協働型 PB はカテゴリー特定的に展開される PB ではない。また、②価格に関連する要因も PB 全般について適用され、必ずしも協働型 PB に特化した成功要因として特徴づけられるものではない。

　一方で、①品質に関連する要因については、高品質な PB であることや表示のみでの品質の理解のしやすさといった点が協働型 PB を特徴づける点であり、協働型 PB の成功要因として考えることができる。協働型 PB は、NB メーカーとの共同開発によって NB 同等以上の品質を目指しており、NB メーカーとの共同開発を明示することによって品質の理解のしやすさに寄与していると考えられる。④小売業に関連する要因として、NB と類似したポジショングをとっていることについては、NB の模倣戦略をとっているわけではないものの、NB メーカーとの共同開発を明示することで同等のポジションを得ようとしていることが指摘できる。最後に、⑤消費者に関連する要因として、PB の購入傾向は、製品の品質を判断するための外在的手掛かり（価格や包装など）への依存が指摘されており、商品パッケージに NB メーカーとの共同開発を明示する協働型 PB が一般的な PB と比較して特徴づけられる点であろう。

　以上の点をまとめるならば、協働型 PB の成功要因を検討するうえでの視

点として最も重要となるのが品質の視点となる。品質に関連する要因はもとより、小売業に関連する要因や消費者に関連する要因においても品質が製品のポジショニングや消費者の PB 購入傾向に影響を与えている。そこで、本研究では協働型 PB の成功要因を検討するうえで品質、特に消費者から見た品質である知覚品質に着目する。

　また協働型 PB の知覚品質を形成するメカニズムとして、成分ブランディングおよびコ・ブランディングの考え方を援用する。第 3 章において指摘したとおり、協働型 PB は成分ブランディングの一形態と捉えることができるため、協働型 PB のメカニズムを検討する場合には、これらの既存研究の枠組みがある程度援用できるという仮説に基づくものである。

5.4　知覚品質に関する既存研究

　マーケティングでは、消費者による製品品質の主観的な評価、あるいは消費者の持っている製品の品質についてのイメージを「知覚品質（perceived quality）」と呼んでいる（白井，2009）。知覚品質について体系的に整理した研究として Zeithaml（1988）がある。Zeithaml（1988）は、Dodds & Monroe（1985）をベースに手段目的モデルによって、知覚品質が知覚価値に影響を与え、知覚価値が購入に影響を与えるとするモデルを提示した（図5.1）。

　Zeithaml（1988）は、知覚品質を「製品の全体的な優劣に関する消費者の判断」と定義し、客観的・現実的な品質（objective quality）とは異なるもので、製品の特定の属性というよりは高いレベルで抽象化されたものであり、場合によっては態度に似た包括的な評価であり、多くの場合消費者の想起集合内において行われる判断であるとした。また消費者は品質を推測するのに内在的手掛かり（intrinsic cues）と外在的手掛かり（extrinsic cues）に大別されるとする。

　内在的手掛かりは製品の物理的な属性であり、飲料の場合、味や色、飲み

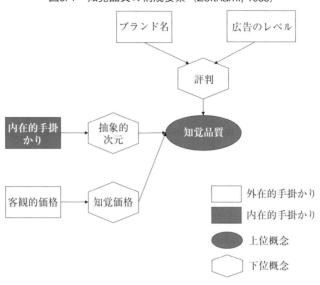

図5.1　知覚品質の構成要素（Zeithaml, 1988）

ブランド名

広告のレベル

評判

内在的手掛かり

抽象的次元

知覚品質

客観的価格

知覚価格

外在的手掛かり

内在的手掛かり

上位概念

下位概念

ごたえなどが含まれる。一方、外在的手掛かりとは製品の非物理的な属性であり、商品の「外」にあるもので、価格、ブランド名、広告のレベルなどが含まれる。消費者は、商品の経験がない場合や商品を評価するだけの時間や関心がない場合、内在的属性を評価する準備が整っていない場合に外在的手掛かりを用いることが多いという。なお、このような内在的、外在的が手掛かりによって品質などを推測するとする理論を「手掛かり利用理論（cue utili-zation theory）」と呼ぶ。

　手掛かり利用理論は、心理学的アプローチによる理論であるが、情報経済学的アプローチからの理論として「シグナリング理論（signaling theory）」がある。シグナリング理論は、マーケティングや消費者研究で広く用いられてきた（Kirmani & Rao, 2000）。消費者は、製品やサービスの観察できない品質を評価するために、ブランド名から広告費に及ぶ特定のシグナルを使用してきたとされる。特にブランド名は、ブランド製品の売り手がブランドエ

クイティを構築するために広告、パッケージ、製品デザインに多額の投資を
していると想定されるため、観察されない品質を伝えるために使用すること
ができる（Erdem & Swait, 1998）。また、製品の品質がブランド名によっ
て影響を受けることが確認されている（Erdem & Swait, 1998）。また、Dawar
& Paker（1994）は、家電製品についてホフステッドの文化クラスターおよ
び出身地の地域に基づいて分析を行った結果、文化や出身地が相違しても、
ブランドや価格、見た目、小売業の名声が品質のシグナルとして利用される
状況には大きな違いが見られなかったとしている。

　なお、価格と知覚品質の関係については、正の相関があると考えられがち
であるが、Zeithaml（1988）はさまざまな研究をレビューするとカテゴリー
横断的な一般的法則は存在しないとしている。ただし、価格が品質を類推す
る手掛かりとなる場合として、他に品質に関する手掛かりが少ない場合、商
品カテゴリーにおける価格の違いが大きい場合、商品カテゴリーにおける品
質の違いが大きい場合、消費者の価格に対する意識が高い場合、消費者が商
品の品質の違いを探知できない場合などがあるとする。PB と知覚品質との
関係については、Hoch & Beranji（1999）、Richardson, Dick, & Jain（1994）、
Richardson, Jain, & Dick（1996）などによって、知覚品質が PB の購入意向
や PB のシェア拡大、イメージの向上といった PB の成果に重要な役割が果
たされていることが示されている。また、Allawadi & Kellar（2004）は、
消費者の PB に対する知覚品質を変化させることが PB 支持者の拡大への大
きな原動力となり、NB を供給するメーカーにとっては最大の脅威であるこ
とを指摘している[2]。

---

2)　寺本（2019）

5.5　コ・ブランディングに関する既存研究

　消費者の協働型 PB に対する知覚および態度形成のメカニズムを明らかにするため、コ・ブランディング[3]の態度形成に関するフレームワークを用いる。協働型 PB は、これまで見てきたようにコ・ブランディングの一形態と捉えることができるものの、実際に PB と NB によるコ・ブランディングの既存研究は限られている。PB と NB による食品・日用品分野でのコ・ブランディングの研究としては、PB における NB による成分ブランディングのケースに着目した Vaidyanathan & Aggarwal（2000）などの研究がわずかに存在する程度である。PB と NB によるコ・ブランディングの研究が少ない理由として、欧米、特に英語圏において協働型 PB にあたるものが存在しないためであると考えられる[4]。なお、Vaidyanathan & Aggarwal（2000）によると、コ・ブランディングにあたるケースとして一部の成分や素材をNB が提供した PB は存在する。たとえば、米国の食品スーパーであるセーフウェイのクッキーの PB に、NB であるハーシーのチョコレートチップを用いた例などである。あくまで PB の一部に NB の商品が用いられているだけであり、PB そのものを NB メーカーが製造するようなものではないことに留意したい。また、成分ブランディングをコ・ブランディングと同一視することを必ずしも是としない研究者も存在する[5]。このため、Vaidyanathan & Aggarwal（2000）の研究による成分ブランディングの知見が協働型 PB

---

3)　ブランドの手法についてはブランディング、製品のブランドについては、ブランドとしている。そのため、コ・ブランディングはブランドの手法を示しており、コ・ブランドは実際の製品のことを示している。成分ブランディング、成分ブランドも同様の使い分けを行っている。

4)　Porral&Lang（2014）によると、スペインなど欧州の一部の小売業ではメーカー名表示を行っているようである。

5)　Kotler & Pfoertsch（2010）。

においても適用できるかを検証する必要がある。

　Vaidyanathan & Aggarwal（2000）の研究では、このような成分ブラン
ドとしてなじみのある NB が用いられた場合についての効果について、朝食
用のレーズン入りシリアル PB（Heartland Raisin Bran）の材料としてなじ
みのある NB（SunMaid）のレーズンが用いられているという仮想のケース
を用いて検証を行っている。検証の結果、成分ブランドとしてなじみのある
NB が用いられた場合の PB に対する態度と知覚品質が成分ブランドを明示
しなかった場合よりも評価が高く、仮説が支持される結果となっている。ま
た、成分ブランドとなった NB に対しては、コ・ブランドの構成後も態度や
知覚品質にネガティブな影響を受けないということが明らかになっている。

　第 3 章で確認したように、協働型 PB を PB と NB による成分ブランディ
ング、あるいはコ・ブランディングの一形態と捉えた場合、協働型 PB の評
価について構成ブランドである NB の評価の影響を受けるはずである。コ・
ブランディングの既存研究では、協働型 PB の態度や属性の評価は構成ブラ
ンドの評価を受けるとされる[6]。Park, Jun, & Shocker（1996）の研究では、
コ・ブランディングを心理学における概念結合（conceptual combination）
の理論を用いて検討している。Keller（2013）の解説によると、たとえば、
apartment dog という概念結合は、apartment という修飾概念と、dog とい
う被修飾概念（ヘッダー概念とも呼ぶ）によって構成されている。彼らはゴ
ディバ（高価で高カロリーと連想される）とスリムファスト（安価で、低カ
ロリーのダイエット食品と連想される）の 2 つのブランドを組み合わせた仮
想のチョコレートケーキミックスに関する実験を行った。その結果、それぞ
れのブランドが単独でケーキミックスに参入するよりも好意的な評価を得る
ことを明らかにした。また、組み合わせによる概念の形成はヘッダー概念に
よる影響が強いことを明らかにした。すなわち、Slim-Fast chocolate cake

6）　たとえば、Park, Jun, & Shocker（1996）、Simonin & Ruth（1998）。

mix by Godiva と Godiva chocolate cake mix by Slim-Fast という 2 つのパターンで比較した場合、ダイエットのイメージは前者の方が強かった。また、コ・ブランディングによる構成ブランドへの影響としては、ヘッダー概念であったときの方が、修飾概念であったときよりも強かった。

　特定の商品のイメージが結びつかない場合、構成ブランドとなる NB が評価に関するシグナリング効果の役割を果たすことになる[7]。しかしながら、構成ブランドによる影響の度合いは、さまざまな条件によって異なる。Park, Jun, & Shocker（1996）は、構成ブランドの属性について、突出性（salience）が高い場合は、そのブランドの属性の評価がコ・ブランドの属性の評価に影響を与えるとしている。

　また、Simonin & Ruth（1998）は、構成ブランドに対する親近性（familiarity）が高いと、その構成ブランドの影響が強くなるとしている。親近性は、熟知性とも呼ばれ、そのブランドに対する馴染みの度合いや親しみやすさを示したものである。これまでの研究においても、親近性の高いブランドでは、ブランドに関連した経験や連想が豊富であるため、ブランドに対する相対的な好感度が確立され、安定していることが示されている[8]。

　さらに、構成ブランド同士の適合性（fit）の影響も存在する。ブランドの適合性が高いとコ・ブランドの評価が高くなることが指摘されている[9]。適合性はもともとブランド拡張の研究[10]において、ブランド拡張を行う先のカテゴリーが既存のカテゴリーと適合することの必要性を提示したものである。一方で、コ・ブランディングでは、主に構成するブランド同士のイメージやブランド連想の適合性に焦点が当たっている。協働型 PB については、PB 側のブランドはカテゴリー横断的なブランドであり、特定のカテゴリーやブ

---

7)　Rao & Ruekert（1994）、Rao et al.（1999）。

8)　Bettman & Sujan（1987）。

9)　Simonin & Ruth（1998）、Vaidyanathan & Aggarwal（2000）。

10)　Arker & Keller（1990）。

ランドのイメージとは結びつきにくく、適合性の影響を考慮する必要性は低いと捉えられる。

5.6　仮説構築

　知覚品質とコ・ブランディングの既存研究を踏まえて、まず構成ブランドである PB と NB、協働型 PB との基本的な関係を確認すべく、知覚品質に焦点を当て以下のような仮説を構築する（表5.2）。

仮説 1 ：NB の知覚品質が PB の知覚品質よりも評価が高い場合、協働型 PB 商品の知覚品質はもとの PB への知覚品質よりも評価の高いものとなる。

　NB の知覚品質が PB よりも高いことを前提として、PB よりも協働型 PB の知覚品質が高くなり、NB が協働型 PB において知覚品質を向上させる役割を果たしていると考えられる[11]。

仮説 2 ：協働型 PB 商品の知覚品質はもとの NB の知覚品質よりも評価が低

表5.2　協働型 PB の知覚品質に関する仮説

仮説 1	NB の知覚品質が PB の知覚品質よりも評価が高い場合、協働型 PB 商品の知覚品質はもとの PB への知覚品質よりも評価の高いものとなる。
仮説 2	協働型 PB 商品の知覚品質はもとの NB の知覚品質よりも評価が低くなる。
仮説 3	親近性の低い PB の方が、親近性の高い PB よりも、協働型 PB 商品ともとの PB との知覚品質の差が大きくなる。
仮説 4	PB に対する購入頻度が低い消費者の場合、他の消費者に比べて協働型 PB 商品ともとの PB との知覚品質の差が大きくなる。

---

11)　Simonin & Ruth（1998）、Vaidyanathan & Aggarwal（2000）。

くなる。

　仮説1に示したように PB よりも協働型 PB の知覚品質の評価が高くなることが想定されるが、その知覚品質はもとの NB の評価よりも低くなると考えられる[12]。すなわち、仮説1と仮説2が成立した場合、知覚品質は、PB の知覚品質＜協働型 PB の知覚品質＜NB の知覚品質という関係になる。

仮説3：親近性の低い PB の方が、親近性の高い PB よりも、協働型 PB 商品ともとの PB との知覚品質の差が大きくなる。

　仮説1では、NB が協働型 PB において知覚品質を向上させる役割を果たすとしているが、その役割は親近性の高い PB よりも、親近性の低い PB において大きくなるはずである。これは、品質が客観的に判別できないブランドの場合、品質が明らかなブランドとアライアンスを組むことで、品質が明らかなブランドがシグナル効果をもたらすとした Rao et al.（1999）を念頭においた仮説である。PB は傘下にさまざまなカテゴリーやタイプの商品を内包するため品質が判別しにくい。ただし、毎日利用している店舗などで見かける親近性の高いブランドであれば、使用経験などもあり品質に対する認知がある程度形成されるだろう。そのため、親近性の高い PB であれば、NB との協働型 PB による知覚品質の向上効果は薄れることが想定される。

仮説4：PB に対する購入頻度が低い消費者の場合、他の消費者に比べて協働型 PB 商品ともとの PB との知覚品質の差が大きくなる。

　PB の拡大が進まない理由の一つとして、PB に対してネガティブなイメー

---

12)　Simonin & Ruth（1998）、Vaidyanathan & Aggarwal（2000）

ジを持ち、PB の購入を積極的に行わない消費者の存在がある。このような
消費者は、PB よりも NB に対して品質に信頼を寄せており、PB に対する
知覚品質が低いことが想定される。このような消費者に対して、NB との協
働型 PB を提示することで従来の PB よりも協働型 PB に対する知覚品質を
改善することができる可能性がある。一方で、すでに PB を購入している消
費者は、すでに PB に対して一定程度の知覚品質を保持しており、PB の購
入を積極的に行わない消費者よりも知覚品質の改善度合いは低いことが想定
される。

5.7　調査概要

　調査項目については、以下のとおりである。まず、知覚品質については、
Vaidyanathan & Aggarwal（2000）等を参考に「高品質／低品質」、「信用
できる／信用できない」、「魅力的である／魅力的でない」、「コストパフォー
マンスが良い／悪い」という 4 項目について 7 段階尺度を設定した。なお、
これらの尺度の信頼性係数（クロンバックの α）については、0.722であっ
た。必ずしも高い値とは言えないが、棄却する程の低い値ではないと捉えら
れる。また、親近性については、Simonin & Ruth（1998）に準じる形で、「知っ
ている／知らない」、「なじみがある／なじみがない」の 2 項目について 7 段
段階尺度を設定している。

　次に、調査対象カテゴリーはドレッシングを選定した。バラエティさが
求められるため PB に対するニーズもある一方で、ブランドに対するこだわ
りも強く NB も力を持つカテゴリーであることや、女性にも比較的購入され
やすいカテゴリーと想定されるためである。

　また、仮説 3 を検証するため、親近性の高い PB と NB の組み合わせにつ
いて回答するパターン（パターン 1 ）と親近性の低い PB と NB の組み合わ
せについて回答するパターン（パターン 2 ）の 2 パターンによる調査を行う

表5.3　仮説3の調査パターン

	PB の親近性	NB の親近性
パターン1	高い（トップバリュ）	高い（キユーピー）
パターン2	低い（CGC）	

表5.4　サンプルの割り付け

	20代	30代	40代	50代	合計
パターン1	48	48	52	52	200
パターン2	48	48	48	58	202
合計	96	96	100	110	402

こととした（表5.3）。

　さらに、対象となるブランドの選定であるが、親近性の高いPBおよびNBに関してはシェアや売り上げが大きいブランドを採用している。なお、親近性の高いPBとしてセブン＆アイの「セブンプレミアム」を採用しなかったのは、セブンプレミアムがすでに協働型PBとして消費者に認知されている可能性があるためである。また、キユーピーは、「キユーピードレッシング」としてブランド展開を行っており、サブブランド展開を行っていないため、企業ブランドを用いている。親近性の低いPBとしては、シジシージャパンの「CGC」を採用した。ボランタリーチェーンであるシジシージャパンのPBであり、全国で見ると販売額は大きいものの、1都6県では加盟企業も中堅スーパーが多く、なじみがないブランドであると想定されるためである。

　実査に当たっては、株式会社マーケティング・アプリケーションズのパネルを利用し、2017年8月にインターネット調査を実施した。調査対象は、首都圏（1都6県）に在住の20～50代の女性402名である（表5.4）。なお、「ドレッシングを購入しない」と回答した被験者はサンプルから除外している。402名を調査設計に基づき2つのパターンに割り付けて調査を実施した。調査は、PBとNBが共同で新たなドレッシングのPBを共同開発するという

前提を提示し、両者のブランドが掲載された仮想の商品イメージ（商品の正面）を提示しながら回答を得ている。

5.8　調査・分析結果

5.8.1　NB、PB、協働型 PB の知覚品質

NB、PB、協働型 PB の知覚品質の結果は表5.5のとおりである。知覚品質は下位尺度の項目の平均を取っている。7段階評価であるため、7に近いほど肯定的な評価であることを示す。

まず、仮説1と仮説2を検証するため分散分析によって知覚品質にするNB、PB、協働型 PB の3群間の有意差を確認した（表5.6）。その結果、（F

表5.5　NB、PB、協働型 PB の知覚品質

	n 数	知覚品質の平均値	標準偏差	標準誤差
NB	402	5.403	0.994	0.050
PB	402	4.345	0.972	0.048
協働型 PB	402	4.727	0.931	0.046

表5.6　多重比較（Turkey 法）の結果

比較対象		知覚品質の平均差	標準誤差
NB	PB	1.05846*	.06811
	協働型 PB	.67600*	.06811
PB	NB	−1.05846*	.06811
	協働型 PB	−.38246*	.06811
協働型 PB	PB	−.67600*	.06811
	NB	.38246*	.06811

*.　平均の差は0.05水準で有意。

(2, 1203) ＝128.833，p＜0.01）と、3群間の有意差を確認することができた。さらに、3群間について Turkey 法による多重比較を行ったところ、いずれの比較においても有意差が見られた。したがって、仮説1と仮説2は支持される結果となった。

5.8.2　PB の親近性の違いによる協働型 PB と PB の知覚品質

次に仮説3を検証するため、協働型 PB と PB の知覚品質の差を取り、親近性の高い PB（トップバリュ）と NB の組み合わせ（パターン1）と、親近性の低い PB（CGC）と NB の組み合わせ（パターン2）の違いを確認する。なお、親近性の高い PB と親近性の低い PB に関して、親近性の違いを確認したところ、親近性の高い PB の親近性は4.965、親近性の低い PB の親近性は3.141と検定を行うまでもなく大きな違いが見られている。PB の親近性の違いによる協働型 PB と PB の知覚品質の差は、表5.7のとおりである。親近性の低い PB の方がわずかに大きいものの、差があるかどうかについて t 検定を行ったところ、差異が見られなかった（t＝－1.551，df＝400，p＞0.05）。したがって、仮説3は棄却された。

仮説3が棄却されたため、追加分析として PB の親近性の高低によって協働型 PB と PB の知覚品質の差の平均に差があるかどうかについて質問項目（下位尺度）ごとに確認しておく（表5.8）。平均値だけを比較すると、「信用できる／信用できない」以外の項目において親近性の低い PB の方が親近性

表5.7　PB の親近性の違いによる協働型 PB と PB の
　　　　知覚品質の差

	n 数	協働型 PB と PB の知覚品質の差	標準偏差	標準誤差
パターン1	200	1.103	0.768	0.054
パターン2	202	1.212	0.637	0.045

表5.8　PB の親近性の違いによる協働型 PB と PB の知覚品質（下位尺度）の差

下位尺度		n 数	協働型 PB と PB の差	標準偏差	平均値の標準誤差
高品質／低品質	パターン 1	200	0.215	1.041	0.074
	パターン 2	202	0.351	0.993	0.070
信用できる／信用で	パターン 1	200	0.055	1.212	0.086
きない	パターン 2	202	−0.054	1.190	0.084
魅力的である／魅力	パターン 1	200	0.045 *	1.335	0.094
的でない	パターン 2	202	0.446 *	1.242	0.087
コスパが良い／悪い	パターン 1	200	−0.245 *	1.077	0.076
	パターン 2	202	0.064 *	1.151	0.081

* 平均の差は0.05水準で有意

の高い PB よりも値（協働型 PB と PB の差）が大きい。しかしながら、「魅力的である／魅力的でない」、「コストパフォーマンスが良い／悪い」に関してはt検定により有意な差が見られた。それ以外の「高品質／低品質」、「信用できる／信用できない」に関しては有意な差が見られなかった。そのため、親近性の低い PB は親近性の高い PB に比べ、知覚品質を構成する項目レベルでは、NB との協働によって肯定的な評価を得られるものも存在することが明らかとなった。

5.8.3　消費者の違いによる協働型 PB と PB の知覚品質

最後に、仮説 4 を検証するため、協働型 PB と PB の知覚品質の差を取り、PB の購入頻度の低い消費者とそれ以外の消費者の違いを確認する。知覚品質の差は、仮説と異なり、PB を購入する消費者の方がわずかに高く、有意差も見られなかった（t＝1.362, df＝400, p＞0.05）。したがって、仮説 4 は棄却された。

5.9 小括

　今回の検証から協働型 PB の知覚品質は、もともとの PB の知覚品質よりも高くなる一方で、NB の知覚品質よりも低くなることが明らかとなった。すなわち、知覚品質の高い NB は PB との協働によって協働型 PB の知覚品質を向上させる役割を果たしていることが示された。これはコ・ブランディングの既存研究とも整合する結果となっている。また、協働型 PB は NB との協働によって従来の PB よりも知覚品質を高めることができる一方でその効果は NB の知覚品質を超えるものではないということから、協働型 PB を展開する際には、知覚品質の高い NB との協働が効果的であることが示唆される。

　棄却された仮説 3 と 4 についても、いくつか点で示唆が得られた。まず仮説 3 で提示した親近性の低い PB との組み合わせの方が協働型 PB の効果が大きいという点について、知覚品質全体では棄却された。ただし、両者とも知覚品質の差は正の値となっており、いずれのパターンでも、NB との協働によって知覚品質を向上させる効果があることが明らかとなった。また、項目レベルでの検証では魅力度やコストパフォーマンスの点で有意な結果が得られる一方、他の項目は有意な差が見られなかった。すなわち、親近性の高い PB の方が NB との協働による効果が出やすいという項目は存在しなかった。仮説 4 については、仮説どおりの結果が得られなかった。しかし、両者とも知覚品質の差は正の値となっており、購買頻度に関わらず NB との協働によって知覚品質を向上させる効果があることが明らかとなった。

　PB に対するインプリケーションとしては、次のとおりである。まず、協働型 PB を展開する際には知覚品質が高いと考えられる有力な大手メーカーとの NB との協働が不可欠である。セブンプレミアムとトップバリュを比較した場合、セブンプレミアムは大手 NB との協働によって知覚品質を高める

ことができたと考えられる。一方で、トップバリュは商品の品質について参照する手掛かりが PB そのものに対する知覚品質のみであり、PB の知覚品質を向上させる努力（自社による広告や広報など）が相当に必要となる。事実、重富(2015)は、2014年に実施した消費者調査の結果から、トップバリュは、「カテゴリーの幅広さ」の評価は高いが、「味や品質」「安全性」「メーカーの信頼性」「メーカー名の明示」等の評価が低く、メインユーザーであっても、品質や安全性、信頼性に関し厳しい目を向けていると指摘しており、知覚品質の向上に苦戦している様子が伺われる。

　以上の点から、有力な NB との協働型 PB が拡大していることは、知覚品質を高めるという視点において一定の成果を果たしていると考えられる。なお、既存研究では知覚品質を高めることが、PB のシェアを高めることにつながることが示されており、協働型 PB は PB のシェアを高めることに貢献することが示唆される。因果関係については検証が必要であるが、2014年に展開品目数の少なかったセブンプレミアムが展開品目数の多かったトップバリュの売上を追い抜いているという事実は考慮すべき点であろう。

　次に、親近性の高い PB と親近性の低い PB、わかりやすく言い換えればメジャーな PB とマイナーな PB に関して、協働型 PB と PB の知覚品質の差に大きな違いは見られなかったことから、いずれの PB でも協働型 PB では知覚品質を向上させることができることが示された。しかし、知覚品質を構成する項目レベルでは親近性の低い PB の方が NB との協働による効果が出やすい項目が存在しており、協働型 PB の効果はマイナーな PB の方が NB との協働による効果を得られやすい可能性がある。しかしこの点については、明確な結果が得られたわけではないので更なる検証が必要である。

　さらに、PB の購入頻度による消費者の協働型 PB と PB の知覚品質の差については、明確な違いが見られなかった。しかしながら、PB の購入頻度が低く PB の購入に抵抗感があると想定される消費者であっても、協働型 PB は従来の PB よりも知覚品質が向上している。このことから、協働型 PB は、

従来の PB よりも PB に対して抵抗のある消費者にも受容される可能性を示しており、これらの消費者を取り込んでいくうえで有効な戦略であることが示唆される。

第6章　協働型 PB と NB の共存と競争[1]

6.1　NB メーカーの協働型 PB への参画

　本章では、協働型 PB を供給する NB メーカーの視点に立ち、協働型 PB を共同開発・製造することが、メーカーとしても合理性があるのか否かという点について確認する。メーカーに協働するメリットが存在し、協働によるリスクが小さければ、協働型 PB の拡大はメーカー側からの視点においても説明できることになるだろう。

　メーカーによる PB の製造受託によるメリットや動機については、これまでの研究においても議論がなされてきた。Hyman et al.（2010）は、過去の PB 研究をレビューし、PB におけるメーカーによる PB 製造受託のメリットについて、①規模の経済性訴求によるユニットコストの低下とメーカーの収入の拡大可能性、② NB 価格値上げの条件としての PB 製造、③メーカー間競争の低減などを指摘している。

　大野（2013）は、有力メーカーが PB の製造受託を行うメリットとして、自社商品のシェア拡大と安定的・継続的取引関係の構築、コモディティ化の

1）　本章は、日本商業学会第70回全国研究大会での報告を再構成したものである。なお、筆者が（公財）流通経済研究所の客員研究員として実施した研究プロジェクトから得た知見をまとめたものである。データ公開を許諾いただいた（公財）流通経済研究所に感謝申し上げたい。

進む製品カテゴリーにおける製品開発戦略、消費者情報の取得と活用、などを指摘している。

　住谷（2015）は、No. 1メーカーがPBを供給するメリットおよび動機を次のように整理している。第1に、PBの供給が工場の稼働率を上げ、それが企業としての成長に貢献している点である。第2に、チェーン小売業との関係を良好に維持していきたいという考えがメーカーにあって、PBを生産しているという点である。第3に、消費財メーカーが技術を有していても、採算が合うだけの販売力があるかどうかが疑問なときに、チェーン小売業のPBを生産することによって、その技術を活かせるという点である。第4に、メーカー側に自社NBと自社生産のPBを合わせたインストアシェアを高めたいという考えがある点である。第5に、NBの陳列スペースを拡大することを条件にPB生産をする点である。第6に、PB供給が製品開発力を磨くことにつながるという点である。第7に、PBを供給することによって、その新商品（PB）に対する消費者の反応・声がすぐにわかるという価値が大きいという点である。

　さらに、浦上（2019）は、大手NBメーカーがPBの製造受託を行うメリットとして、PBの商品属性をコントロールすることによってNBとのカニバリゼーションを小さくできる可能性を指摘している。矢作編（2014）では、2013年1月23日付の『日経MJ』に取り上げられたサントリー酒類株式会社相場康則社長のコメントを紹介している。相場社長は、商品供給の考え方として、①メーカー名を表示し、商品づくりと関われる、②取引に継続性がある、③NBだけではカバーできない需要をすくい取れることを挙げ、供給量やそのほか取引条件を満たせば、「是々非々で対応する」と述べている。協働型PBに前向きなコメントと捉えられるが、浦上（2019）が示すようにPBの商品属性をコントロールすることによってNBとのカニバリゼーションを小さくできる可能性を念頭においたものと捉えられる。

　協働型PBにおいても上記のようなPBの製造受託のメリットや動機は同

様に適用でき、協働型 PB としての特殊要因はほとんどないものと考えられる。一方で協働型 PB は、NB メーカー名やブランド名を表示することによるデメリットが懸念される。それは、NB メーカーが共同開発・製造する PB であることを消費者が認識することで、NB と協働型 PB のカニバリゼーションが発生する可能性である。NB メーカーの名称やブランドが表示されることで、表示されない場合よりもカニバリゼーションが発生する可能性が高くなることが予想される。仮に商品属性上での差別化や棲み分けが行えたとしても、カニバリゼーションが起きる可能性は存在しており、このようなカニバリゼーションへの懸念は、協働型 PB への参画をメーカーが拒否する根拠となりうるものである。

　従来の PB の研究において、PB と NB の競争を論じたものは少なくないが、製造者であるメーカー名を表示した PB の場合、上述のように従来の PB と NB の競争とは異なる状況が発生していると想定される。

　そこで、本研究では、消費者の行動データから協働型 PB と NB の消費者の選択行動について明らかにする。具体的には、協働型 PB としてセブン＆アイホールディングスのセブンプレミアムを取り上げ、協働型 PB 商品の選択と、協働型 PB を供給するメーカーの NB 商品の選択や競合となる NB 商品や PB 商品の選択との関係について検討する。

6.2　データ

　株式会社エムキューブが収集する消費者購買履歴データである QPR™ データのうち関東1都3県（東京都、神奈川県、埼玉県、千葉県）のパネルの2018年の購買履歴データを使用した[2]。セブンプレミアム商品のメーカー

---

2)　購入業態としてスーパー、コンビニエンスストア、薬粧店・ドラッグストア、通信販売、ホームセンター、ディスカウントストアを対象としている。百貨店、自動販売機などのチャネルは含んでいない。

コードはセブン＆アイではなく、各製造メーカーとなっており、どのメーカーが製造した商品かを識別することができる。

通常の小売業のPBは、PBを企画する小売業のメーカーコードで商品を登録がなされており、どのメーカーが製造した商品かは識別できないことが多い。なお、セブンプレミアムに関しては、製造メーカーのメーカーコードとなるため、商品名からセブンプレミアム商品を識別する必要がある。商品名の冒頭にセブンプレミアム、7プレミアムなどの文字が含まれている商品をPBとした。

本研究では、まず購買履歴データからPBの購買に関する全体的な傾向を確認する。そのうえで、分析対象カテゴリーカテゴリーとして、加工食品のうち、ドレッシング、レトルトカレー（調理済みカレー）、カップ麺についてマーケットバスケット分析の考え方を用いて詳細な分析を行う。分析対象カテゴリーカテゴリーとして、加工食品のうち、ドレッシング、レトルトカレー（調理済みカレー）、カップ麺について詳細な分析を行う。この3つのカテゴリーを選択した理由は、後述のようにPBシェアが10％以上とPBの市場が確立していること、構造をわかりやすく分析するため日配品のような上位集中度が低くメーカー数が多いカテゴリーではないこと、大手メーカーがセブンプレミアムの製造を行っていること、といった条件に当てはまるためである。

6.3　PBの購入状況

食品・日用品における2018年のPB比率（金額ベース[3]）の集計結果は、12.6％となっており、食品では12.6％、日用品では13.4％となっている。既存文献（たとえば重富，2014）に示されるPB比率の多くは10％弱程度であ

---

3)　税込み金額を用いている。

り、それらの文献よりもやや高い傾
向にある。ただし、既存文献の多く
は若干古いデータであること、食品
スーパーマーケットに限定したもの
であることに留意する必要がある。

　主要なカテゴリー別[4]PB の購入
状況を確認すると、PB 比率が高い
カテゴリーとして、まず冷凍食品(素
材系) がある（表6.1）。冷凍農産素
材(56.5%)、冷凍畜産素材(30.1%)、
冷凍水産素材（25.7%）となってい
る。これらのカテゴリーの PB 比率
が高い理由として、大手小売業が冷
凍食品カテゴリーを強化しているこ

表6.1　カテゴリー別 PB 比率

JICFS 細分類		PB 比率
110791	氷	56.5%
110705	冷凍農産素材	53.5%
112001	ゴマ	40.1%
140315	中国茶ドリンク	38.4%
212305	ウェットティッシュ	34.8%
212629	ハサミ・ピンセット	34.4%
111011	きな粉	33.8%
111005	パン粉	32.4%
111511	ベーコン	30.8%
110703	冷凍畜産素材	30.1%
111105	蜂蜜	30.0%
111501	畜肉ハム	29.3%
110511	米飯加工品	29.0%
112105	わかめ	28.9%
111805	油揚げ	28.2%
212601	綿棒	27.8%

とに加え、冷凍食品に強みを持つ業務系スーパー（神戸物産、肉のハナマサ
等）の拡大の影響がある。

　次に PB 比率が高いカテゴリーとしては、ウエットティッシュ（34.8%）、
ハサミ・ピンセット（34.4%）、綿棒（27.8%）といった衛生用品類がある。
このようなカテゴリーは、ドラックストアに加えて、100円ショップでの購
入が多いことが PB 比率を押し上げた要因となっている。

　そのほか、ハム・ベーコン類、粉類（パン粉、きな粉、小麦粉）などの PB
比率が高い。飲料の中では、中国茶ドリンクの PB 比率が高い（38.4%）。

---

4)　商品分類には、（一財）流通システム開発センターが管理する JICFS 分類を採用して
　い る。(https://www.dsri.jp/database_service/jicfsifdb/data/1101jicfs_bunrui-ichiran.
　pdf)
　　またカテゴリーとして JICFS 大分類の 1（食品）、2（日用品）を対象としている。
　食品には原則として JAN コードで管理されていない生鮮食品は含まれていない。

緑茶ドリンクは複数の有力な NB が存在しているため PB 比率は相対的に低い（15.2％）が、中国茶ドリンクはサントリーの烏龍茶以外の NB に存在感がないこともその一因となっている。

6.4　メーカーのセブンプレミアム製造状況

　消費者が購入した商品のうち、セブンプレミアム製造企業として出現したメーカー数は、407社[5]であり、セブンプレミアム製造企業の全購入金額に占めるセブンプレミアムの購入金額の割合は3.8％であった。セブンプレミアム製造企業のうち全体の購入額が高い（すなわち、売上が高い）NB 企業においてセブンプレミアムの購入金額の割合は低い傾向にある。購入額上位企業50社におけるセブンプレミアム購入金額の割合は0.6％、また５％を超える企業は６社のみであった。６社の内訳は、飲料系メーカー２社、冷凍食品系メーカー２社となっている。一方、購入金額が中位程度（150〜250位）の企業は、セブンプレミアムの購入割合が13.6％となっており、相対的にセブンプレミアムに対する依存度が高まる傾向にある。なお、セブンプレミアムの購入額をメーカー別に集計し、購入合計額が高かったメーカーを表6.2に示している。これらのメーカーには日配、総菜系のメーカーなどが比較的多くセブンプレミアムの購入金額の割合は高い傾向にある。一方で、サントリー・アサヒ飲料などの飲料メーカーや日清食品といった大手食品メーカーも上位に位置づけられているが、これらのメーカーのセブンプレミアムの購入金額の割合は高くはない。

---

5)　メーカーコードが、セブンイレブンやイトーヨーカドー、アイワーフーズなどセブン
　&アイのグループ会社のもの、メーカー名が不明なものは含めていない。

表6.2　主要なセブンプレミアム製造メーカー

購入額順位	メーカー名	全購入額における セブンプレミアムの割合※
1	サントリーホールディングス	低
2	フジパン	中
3	ヤマザキ	高
4	アサヒ飲料	低
5	高梨乳業	高
6	日本ハム	低
7	武蔵野ブース	高
8	日清食品	中
9	マルハニチロ	中
10	日本ミルクコミュニティ	高
11	オハヨー乳業	高
12	伊藤ハム	中
13	ニチレイフーズ	中
14	赤城乳業	高
15	でん六	高

※低：5％未満、中：5％～15％未満、高15％以上

6.5　対象カテゴリーにおける PB の購入状況

　ドレッシング、レトルトカレー（調理済みカレー）、カップ麺における PB、PB のうちセブンプレミアムの購入状況は表6.3のとおりである。また、各カテゴリーにおけるセブンプレミアムの製造メーカー別購入状況は表6.4のとおりとなっている。なお、表6.4の「購入金額（指数）」は、各カテゴリー最上段のメーカーの購入実績額を1としたときの実績を指数化したものである。今回選定した3つのカテゴリーいずれについても、セブンプレミアムはトップメーカーや大手メーカーとの共同開発を進めていることがわかる。またセブンプレミアムの PB 内における点数と金額のシェアを確認すると、調味済みカレーとカップ麺では点数よりも金額のシェアが高かった。このこと

表6.3　PB およびセブンプレミアムの購入状況

	PB 比率	PB 比率	7プレミアム PB内シェア （点数）	7プレミアムの PB内シェア （金額）
110139　ドレッシング	16.3%	14.5%	23.0%	13.5%
110502　調理済みカレー	15.0%	11.7%	12.8%	21.2%
111203　カップ麺	11.8%	11.2%	30.8%	43.3%

表6.4　セブンプレミアムの製造メーカー別購入状況

カテゴリー（JICFS 細分類）		製造メーカー	SKU 数	売上金額(指数)
110139　ドレッシング	4901577	キユーピー	17	1
110139　ドレッシング	4976681	ビッグシェフ	4	0.05
110139　ドレッシング	4903307	理研ビタミン	1	0.01
110502　調理済みカレー	4902402	ハウス食品	6	1
110502　調理済みカレー	4902115	日本ハム	3	1.11
110502　調理済みカレー	4901002	エスビー食品	1	0.09
110502　調理済みカレー	4902130	ニチレイフーズ	1	0.15
110502　調理済みカレー	4902777	明治製菓	1	0.30
110502　調理済みカレー	4957422	アリアケジャパン	1	0.66
111203　カップ麺	4901734	サンヨー食品	27	1
111203　カップ麺	4901990	東洋水産	20	0.84
111203　カップ麺	4902881	明星食品	14	0.98
111203　カップ麺	4902105	日清食品	12	2.69
111203　カップ麺	4901071	エースコック	11	0.23

は、他の PB よりも単価の高い PB をセブンプレミアムが提供していること
を意味する。なお、ドレッシングについては、サラダ用の小容量・低単価の
商品の影響が出ているため、金額シェアが低くなっている。

6.6　対象カテゴリーにおける協働型 PB と NB の選択行動

協働型 PB を共同開発・製造することによって、製造メーカーの NB の購

入にどのような影響を与えるのであろうか。自社の NB と似たような製品が
価格も安い協働型 PB として存在するのであれば、NB よりも協働型 PB に
スイッチし、NB が購入されなくなる可能性もある。この点を確認するため、
セブンプレミアム（協働型 PB）、セブンプレミアム以外の PB、セブンプレ
ミアムを製造しているメーカーの NB、その他の NB の 4 つのブランド選択
行動について、マーケットバスケット分析の考え方を用いて個人別の 1 年間
の併買データによる分析を実施した。

6.6.1　マーケットバスケット分析の概要

　マーケットバスケット分析（market basket analysis）は、顧客が一緒に
買う傾向のある商品を精査し、どの商品を一緒に販売すべきか、または一緒
に販促すべきかを決定するための分析である[6]。スーパーマーケットの買い
物客が買い物をする際に、買い物かごに商品を入れることに由来しており、
ショッピングバスケット分析と呼ばれることもある。マーケットバスケット
分析は、アソシエーション（関連性）ルール発見を導入したデータマイニン
グの文献に起源を持つこともあってか、小売業や電子商取引にとって重要で
あるにもかかわらず、マーケティングの文献では、マーケットバスケット分
析に関する論文は非常に少ない[7]。

　マーケットバスケット分析ではアソシエーションルールを評価する単一の
指標が存在しておらず、複数の異なる指標の併用が行われてきた。アソシエー
ションルールを評価する最も一般的な指標は、支持度、信頼度、リフト値の
3 つとされている（表6.5）[8]。

　支持度とは、総トランザクション数に対する、組み合わせ（A，B）のト
ランザクションの割合のことである。低い支持度の場合、頻繁に購入されて

6)　Blattberg et al.（2008）
7)　Kamakura（2012）
8)　Blattberg et al.（2008）

表6.5　アソシエーションルールの評価指標

指標	意味
支持度 （Support）	総トランザクション数に対する、組み合わせ（A，B）のトランザクションの割合のこと
信頼度 （Confidence）	A を購入した場合の条件付き確率、P（B｜A）のことであり、A の購入が B の購入につながる確率として解釈される
リフト値 （Lift）	信頼度と期待される信頼度の間の差（比率で測定される）を測定

いないので、ペアが関連していないことを意味する。

　信頼度は、A を購入した場合の条件付き確率、P（B｜A）のことであり、A の購入が B の購入につながる確率として解釈される。

　リフト値は、信頼度と期待される信頼度の間の差（比率で測定される）を測定するものである。

　一般的には 3 つの指標を並行で確認し、一般的にそれぞれの指標が高いことが良いとされている[9]ものの、評価の問題点も存在する。

　まず、支持度の指標についてである。支持度の欠点は、大規模でリッチなデータセットが存在する場合、その有用性が低下することである。全体のトランザクション量が多い場合、支持度がかなり低くなる可能性があることが指摘されている。また、支持度は 0 より低くすることができないため、トランザクション量が多い場合など 1 つのデータセット内の異なるアソシエーションルールの支持値は非常に類似している傾向がある。このように類似した支持度は、あるアソシエーションルールの強さと別のアソシエーションルールの強さを区別するのにあまり役に立たない[10]。

　次にいかなる数値をもって効果があると解釈するかという問題である。マーケットバスケット分析を使用した場合の効果量の解釈は、文脈固有のも

---

9)　Blattberg et al.（2008）

10)　Augins et al.（2013）

110

のであり、ある文脈では信頼度の特定の値が重要であると考えられていても、別の文脈では重要ではないと考えられることがある。たとえば、Augins et al.（2013）によると、ある研究では 1 ％を最低支持レベルとし、40%、50%、60%を信頼値の 3 つの閾値レベルとているものもあれば、支持率に1.3%、信頼度に47.6%の最小カットオフ値を使用している研究もあったという。

6.6.2　分析の手順

　Augins et al.（2013）では、上記の点などを踏まえ、まずリフト値によって評価を行い、一定の効果が認められた場合に、支持度、信頼度を確認することを推奨している。一部文献では、支持度からの検討を手順としているものもあるが、支持度には前述のような問題点も指摘されているため、本研究では、Augins et al.（2013）が推奨する手順に基づいてマーケットバスケット分析を行う。

　なお、マーケットバスケット分析に際し、ドレッシングのカテゴリーについては、小容量商品の影響を除外するため、商品単価が70円以下の商品を除外して分析を実施した。また、メーカーの選定に際して、カップ麺は日清食品を選択せずサンヨー食品とした。日清食品を選択しなかった理由は、日清食品のセブンプレミアム商品は「蒙古タンメン中本」シリーズなど有名店とコラボレーションした高価格帯の商品に特化しており、普及価格帯の商品が存在しないためである。同様に、調理済みカレーにおいても日本ハムは高価格帯のセブンプレミアムゴールド「金のカレー」の製造が中心であるため、ハウス食品を選択した。

6.6.3　結果

　主力メーカー 1 社のセブンプレミアムと 3 つのブランドタイプの併買状況について、リフト値により評価した結果が表6.6である。なお、マーケットバスケット分析における A を購入した際の B の購入についてのリフト値は

表6.6　セブンプレミアム（7P）との併買状況

カテゴリー	7P製造メーカー名	7P製造メーカー商品との併買（リフト値）		
		他小売業のPB	当該メーカーのNB	7P製造メーカーではないNB
カップ麺	サンヨー食品	1.57	1.32	1.20
調理済みカレー	ハウス食品	1.63	1.05	0.83
ドレッシング	キユーピー	1.14	1.09	0.91

P(B｜A)／P(B) で表され、リフト値が1より大きい場合は併買する確率が通常の購入よりも高く、1より小さい場合は併買する確率が通常の購入よりも低いことを示している[11]。

　分析結果として、いずれのカテゴリーにおいてもセブンプレミアムとセブンプレミアム以外のPBの組み合わせについて比較的高いリフト値が示された。またNBの併買状況については、セブンプレミアム製造メーカーのNBとの組み合わせにおいて、セブンプレミアム製造メーカーではないNBよりも高いリフト値が示された。すなわち、リフト値からは協働型PBはPBとの併買がなされやすいだけではなく、NBのうち協働型PBの製造メーカーのNBは比較的併買がなされやすいことが明らかとなった。

　次に、サポート値での評価を行う（表6.7）。サポート値は、1を最大値とし、1に近い値であれば、その組み合わせが頻繁に購入されていることを示す。前述の文献レビューにおいてはデータ量が多い場合などはサポート値が低くなることを指摘していたが、実際のサポート値について、どの組み合わせにおいても相対的に0.1未満であり低い値となっている。全般的に低い数値であるが、いずれのカテゴリーにおいても当該メーカーのNBとの併買が他のパターンよりもサポート値が高く、相対的に買いやすい組み合わせであることが示唆される。

---

11)　Blattberg et al.（2008）

表6.7　セブンプレミアム（7P）との併買状況

カテゴリー	7P製造メーカー名	7P製造メーカー商品との併買（サポート値）		
		他小売業のPB	当該メーカーのNB	7P製造メーカーではないNB
カップ麺	サンヨー食品	0.03	0.06	0.05
調理済みカレー	ハウス食品	0.02	0.02	0.02
ドレッシング	キユーピー	0.01	0.03	0.03

表6.8　セブンプレミアム（7P）との併買状況

カテゴリー	7P製造メーカー名	7P製造メーカー商品との併買（信頼値）		
		他小売業のPB	当該メーカーのNB	7P製造メーカーではないNB
カップ麺	サンヨー食品	0.40	0.49	0.65
調理済みカレー	ハウス食品	0.40	0.50	0.60
ドレッシング	キユーピー	0.31	0.72	0.65

　最後に、信頼度で評価を行う（表6.8）。信頼度は、A と B が関与する取引のみを考慮することで、標本サイズへの依存を避けることができる。すなわち、A が選択された場合、B も選択される確率は何かという焦点となる項目だけが考慮されるため、信頼度の値は、通常支持度よりも大きくなる。その結果、支持値に比べて信頼度は、関連の強さの違いをより明確に検出することができる。ドレッシングのカテゴリーにおいては、セブンプレミアム製造メーカーの NB の信頼度が相対的に高かったものの、他のカテゴリーでは、セブンプレミアム製造メーカーではない NB の信頼度が高くなる結果となった。

6.6.4　3つの指標に関する考察

　リフト値からは、セブンプレミアム購入者は、製造しているメーカーの NB も併買しやすい（少なくともネガティブではない）ことが示された。また、

信頼度についてはセブンプレミアム製造メーカーではないNBの信頼度が高くなる傾向があるものの、リフト値の結果から、セブンプレミアム購入者特有の状況ではない。さらに、セブンプレミアム購入の割合が高くないことから、支持度は低くなる傾向にあり、セブンプレミアム購入によるNBへの影響はそもそも大きくないことが推察される。

6.7　小括

　本章では、NBメーカーが協働型PBを共同開発・製造することの影響について、セブンプレミアムをケースとして消費者の購買の視点から検証を試みた。協働型PBを購入することで、製造しているNBの併買が起こりにくくなってしまうようであれば、NBメーカーとして協働型PBに参画するメリットが薄れてしまう。しかし、実際の併買データからは、むしろセブンプレミアム購入者は通常の購入者よりも製造しているメーカーのNBも併買しやすい傾向があり、ネガティブな影響は確認できなかった。

　また、消費者の購買状況から、現段階では、各メーカーの売上に占めるセブンプレミアムの割合は低く、ネガティブな影響が示されても自社NBに大きな影響はないものと考えられる。

　以上の点から、メーカーの戦略として協働型PBに取り組むことによる有力NBの売上への悪影響はそれほど高くないことが想定される。むしろ、メーカー名が表示されることで、メーカーの存在をアピールすることができるという前向きな捉え方もできよう。協働型PBは、小売業との関係構築などメーカー側のニーズにも合致するだけはなく、NBへの影響も必ずしもネガティブなものと言えない。したがって、NBメーカーにとって、協働型PBに取り組むことは合理性があると評価できる。単に小売業からの圧力によって受託せざるを得ないという構図ではなく、メーカー側の合理的な判断によってNBメーカーの協働型PBへの参画が拡大したと捉えることができるだろう。

　従来からもメーカーによる PB の受託に関する議論は多くなされてきた。しかしながら、そのほとんどはメーカーとしての企業戦略やチャネル戦略からの議論であり、消費者の視点によるものではなかった。本研究では消費者の視点からメーカーによる協働型 PB の取り組みの合理性を示すことができたものと考えられる。

第7章　食品表示規制が協働型 PB に与える影響[1]

7.1　研究の目的

　プライベートブランド（PB）は、利益の確保や商品の品揃えの差別化といった目的でさまざまな小売業が積極的に投入を行っている。日本の食品小売業では、スーパーマーケットやコンビニエンスストアの大手チェーンが展開する PB がリニューアルを繰り返しながら一定のシェアを確保し、定着化している。2000年代後半以降の日本の食品小売業の PB の特徴として、PB の品質や安全性を消費者に理解してもらうことを目的として PB の共同開発者かつ製造者であるメーカー名を開示する動きが見られた[2]。欧米の PB では、販売者が責任を持ち、製造者の情報を表示しないことで、製造者との守秘義務を履行するという考え方が一般的である。日本でも、欧米のように製造者を表示せず販売者のみを表示する PB が2000年代以前は主流であったが、セブン＆アイグループの PB であるセブンプレミアムを嚆矢としてメーカー名を表示する動きが進んだのである。

　一方で、食の安全やトレーサビリティに対する消費者の関心の高まりを受け、小売業者による自主的な取り組みではなく、政府の規制によって製造者や製造所に関する表示を厳格化する動きが進展した。食品表示法の制定であ

---

1)　本章は、神谷（2020）に加筆修正を行ったものである。
2)　矢作編（2014）p. 96。

る。食品表示法によって製造所固有記号の使用が一部の場合を除いて認められなくなった。その結果、2020年4月までの移行期間はあるものの、食品のPBにおいて原則製造者や製造所を表示することとなった。

　食品表示法は、前述のような欧米流のPBのあり方を否定することにもつながる一方で、日本におけるPBの独自の発展を促進し、市場拡大につながる可能性もある。そこで、本論では食品表示法による製造者表示の運用厳格化が、消費者のPBに対する態度に与える影響や、PBの購買に与える影響について検討する。

7.2　食品表示法による製造所表示の影響

　前述のように、協働型PBは従来メーカー名を表示しなかったPBにおいて、共同開発による品質の証しとしてメーカー名を表示させることからスタートしている。しかしながら、メーカー名表示は、その後食の安全・安心に対する消費者のニーズの高まりや食品事故・事件の発生を受けて、政策的に実施されることとなった。

　食品表示法は、食品衛生法、JAS法、健康増進法に分かれていた食品表示の規定を統合し、食品を摂取する際の安全性および一般消費者の自主的かつ合理的な食品選択の機会を確保することを目的に制定した法律である。2013年6月28日に公布、2015年4月1日より施行された。また、食品表示法に基づく食品表示基準が2015年4月1日に制定された。

　メーカー名等の表示について、旧来の法律では、食品衛生法が製造所の表示を義務づけているが、販売者の表示と製造固有記号を用いることによって、製造所等の表示に代えることが可能であった。そもそも、製造固有記号が認められてきた背景として、次の2つの理由があった。一つは、表示可能面積に制約があり、全ての義務表示事項を表示することが困難な場合（JAS法に基づき表示責任者を販売者とした場合など）があること。そして、もう一

つは製造所ごとに後から記号を入れるだけで済むため、製造者が複数の自社工場で生産する場合や販売者が複数の製造者に製造委託する場合に、同じ包材を利用することによりコストの削減ができることである。このように、製造所固有記号の利用が認められていたこともあって、PB は「販売者＋製造所固有記号」による表示が一般的であった。

　しかし、食品表示法が可決された際、議会において次の附帯事項が附された。「製造所固有記号制度については、消費者から製造者の所在地等の情報を知りたいという要望もあることから、その情報の提供の在り方について検討すること」この決議に基づき、消費者庁からは有識者会議において「製造所の所在地および製造者の氏名等を表示することとし、例外的に製造所固有記号による表示を可能とすることで、制度本来の趣旨に即した見直しを行う」ことが示されたのである。

　そして、2013年12月に発生したアクリフーズ農薬混入事件も大きな影響を与えた。PB 商品について、製造所が表示されていないことから、どの商品がアクリフーズの製造による商品で農薬混入の可能性があるのかを識別しにくいという問題点が出てきたのである。食品表示法に基づく食品表示基準で、製造固有記号の運用が厳格化された理由には消費者の情報開示への要望の高まりがある。消費者庁は、制度運用の見直しに対して反対意見も少なからず存在していたにも関わらず「制度本来の趣旨に即した見直しを行う」という点について最終的に見直す姿勢は見せなかった。これは、消費者団体などからの要望に沿うものであったが、これらの団体からは製造所固有記号そのものの廃止を求める声も強く、最終的には事業者にも配慮する形で製造所固有記号の制度は維持されることとなった。ただし、製造所固有記号の利用が厳格化される形で食品表示基準が制定されることとなったのである。なお、実際の表示への反映に関しては2020年4月までの猶予期間が設けられた。

7.3　仮説構築

　PBの製造者表示（manufacture name disclosure）による消費者の態度や
行動への影響に関連した既存研究は、米国における食品の表示制度を念頭に
置いたFugate（1986）や韓国の消費者を研究対象とした Cho, Rha & Burt
(2015)など限られたものとなっている。ただし、前者が消費者問題の立場、
後者が消費者行動・ブランド研究の立場と研究の領域が異なっていることも
あり、Cho, Rha & Burt（2015）において Fugate（1986）の引用がないなど、
両者の関連性は低く研究が体系化されているとは言えないのが現状である。
　米国における Fugate（1986）の研究は、当時の実務界や政策での関心が
高かった製造者表示について取り上げ、「製造者の情報が開示された場合に、
PBの属性に対する消費者の知覚は有意に変化するか」という仮説について
実験により検証を行っている。
　消費者の情報処理に関する先行研究から、製造者名の表示をパッケージ上
で行った場合について、メーカー名の親近度（familiarity：なじみがある／
なじみがない）と情報の表示強度（intensity：パッケージにおいて目立つ／
目立たない）という2つの条件を設定してケーキミックスとケチャップの2
カテゴリーにおける消費者のPBの属性（ブランド名の受容度、味、価格な
ど）に対する消費者の知覚について検証した。
　まず二元配置分散分析により、2×2の条件下で属性の評価に違いがない
という帰無仮説を検証した。その結果、属性の評価に違いが生じ、帰無仮説
は却下された。次にメーカー名を表示した2×2の条件とPBの属性を組み
合わせた2カテゴリーの56グループについて、メーカー名を表示しない統制
グループとの検定を一元配置分散分析により実施した。メーカー名の表示が
属性に与える一般的な規則は見つけられなかったものの、いくつかの属性は
有名なメーカーの表示と強調表示が同時になされた場合に影響を受けている

ことが示された。すなわち、いずれかの PB の属性評価はメーカー名開示の手法によって、大きな影響を及ぼすことが明らかとなった。Fugate は、これらの結果からカテゴリーや属性による違いは存在するものの、研究の結論として製造者名の表示は消費者の商品選択にバイアスを生じさせる可能性があるとし、規制当局者に向けて製造者表示について慎重となるような提言を行っている。

　次に、Cho, Rha & Burt（2015）では、政策的に PB の製造者表示が義務づけられている韓国における消費者を対象とした研究を行っている。製品パッケージが外在的手掛かりとして消費者の意思決定に影響を及ぼすことや、ブランド名が品質の間接的な指標となるといった既存研究を基にモデルを構築している。具体的には、消費者の製造者表示に対する意識（製造者表示を確認しようとする、などの意識）が、製品品質に対する知覚、知覚リスク、価格と価値に対する知覚、行動特性を媒介変数として PB や NB に対する態度等に影響を与えるというモデルを設定し（図7.1）、パス解析を用いて検証を行った。

　彼らの研究の結果によると、製造者表示に対する意識は、財務機能的知覚リスク、価値感度、商品品質の推定（内在的手掛かり）、商品品質の推定（外在的手掛かり）に正の影響を与え、これらが PB への態度に正の影響を与えるとしている。ただし、影響の程度は小さいものであったとしている。また PB への好意的な態度が小売ブランドやストアロイヤルティに強い影響を与えた。一方で、製造者表示に対する意識が高いと、NB に対する態度に負の影響を与えることも示された。

　ここまで見てきた製造者表示に関する既存研究では、製造者名を表示することや製造者名に対する意識によって PB に対する態度や属性の評価に影響があることは示されているものの、必ずしも仮説どおりの結果となっておらず、モデルとして十分に確立されているとは言えない。

　そこで、本研究では、ブランドに対する信頼の概念を導入した新たなモデ

図7.1 Cho, Rha and Burt（2015）の分析モデル

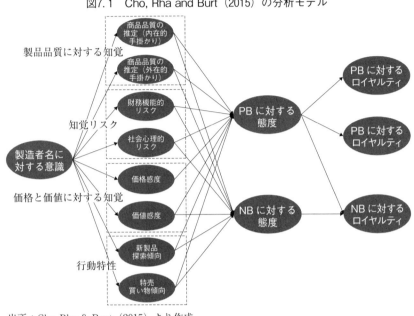

製品品質に対する知覚

商品品質の推定（内在的手掛かり）

商品品質の推定（外在的手掛かり）

知覚リスク

財務機能的リスク

社会心理的リスク

価格と価値に対する知覚

価格感度

価値感度

行動特性

新製品探索傾向

特売買い物傾向

製造者名に対する意識

PB に対する態度

NB に対する態度

PB に対するロイヤルティ

PB に対するロイヤルティ

NB に対するロイヤルティ

出所：Cho, Rha & Burt（2015）より作成

ルを検討する。ブランドに対する信頼（brand trust, brand credibility）とは、ブランドがブランドの約束を実現できる能力や意志についての消費者の信念と定義され、ブランド態度の認知的構成要素の一つであると位置づけられる（Rajavi, Kushwaha & Steenkamp, 2019）。ブランドに対する信頼は、ブランドの属性などに対する不確実性が高いほどブランド選択への影響が大きくなる（Edrem & Swait, 2010）ことから、製造業者が商品によって異なり、品質などが見えにくく不確実性が高い PB において有用な概念であると考えられる。

本研究では、小売業の信頼度が PB の信頼度に正の影響を与え（仮説2）、PB の信頼度が PB 購入頻度に正の影響を与える（仮説3）という基本的なパスを想定したうえで、小売業の信頼度と PB の信頼度に対して PB の製造

図7.2　分析モデル

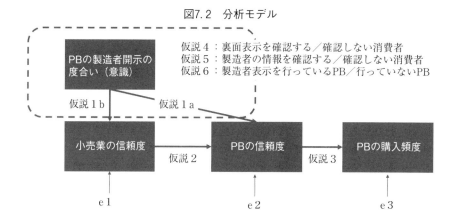

者開示の度合いがそれぞれ正の影響を与える（仮説 1 a、仮説 1 b）という
モデルを構築する（図7.2）。

　仮説 2 については、Collins-Dodd & Lindley（2003）, Semeijin, van Riel &
Ambrosini（2004）, Liu & Wang（2008）など、小売業や店舗のイメージが
PB の態度に影響するとした研究結果から、信頼についても PB に対する小
売業の影響が大きいと想定し、設定した仮説である。

　仮説 3 については、ブランドに対する信頼が購買等に与える影響について
明らかにした Chaudhuri & Holbrook（2001）を参考として、PB に対する
信頼が購買ロイヤルティすなわち PB の購入頻度に影響を与えるという仮説
を立てた。

　仮説 1 a については、ブランドに対する信頼に影響を与える要素に関する
既存研究は、わずかに Rajavi, Kushwaha &Steenkamp（2019）に見る程度
である。このため、製造者や製造所が表記されないと消費者が不安であると
いった食品表示法による表示厳格化の根拠となった考え方や、セブンプレミ
アムがクオリティの証としてメーカー名の表示を行い消費者の支持を受けた
という主張などを基に仮説を設定した。なお、ここでの PB の製造者開示の
度合いとは、客観的事実ではなく消費者が当該 PB の製造者の開示度合いを

どのように認識しているかを示す。

　仮説1bについては、製造者開示によって小売業の信頼度も向上するという仮説を設定した。PBに対する小売業の影響は少なくないと想定されるためである。また、仮説2の設定に合わせPBと同様に小売業に対する信頼に影響する要素としてPBの製造者開示の度合いの影響があるという仮説を設定する（仮説1b）。以上の仮説をモデル化したものが図2である。

　なお、モデルの効果は消費者の属性や対象とするPBによって違いが生じることが想定される。そこで、モデルの効果の違いに影響を与えると想定される以下の仮説を設定する。

　仮説4：裏面表示を必ず確認する消費者の方が、裏面表示を確認しない消費者よりも、仮説1の影響力が大きい。裏面表示を確認せず、小売業のブランドやパッケージ表面などから購入の判断をしている場合は、仮説1の影響は小さいことが想定される。

　仮説5：裏面表示のうち、製造者の情報を確認する消費者の方が、製造者の情報を確認しない消費者よりも、仮説1の影響力が大きい。

　仮説6：製造者表示を行っているPBに対する評価と表示を行っていないPBに対する評価を比較した場合、表示を行っているPBでは仮説1が成立するが、表示を行っていないPBでは仮説1は成立しない。調査実施時点（2018年時点）では、前述のとおりセブン＆アイ・ホールディングスのセブンプレミアムはメーカー名等の表示を行っているものの、トップバリュは表示を行っておらず、両者により消費者の態度に違いが生じることが想定される。

7.4　調査概要

　仮説の検証のため、消費者の製造者表示に関する意識を確認する消費者インターネット調査を実施した。対象者は、マーケティングアプリケーション

ズのパネルで 1 都 3 県（東京都、神奈川県、千葉県、埼玉県）に在住の20代
から60代の女性1202名である。2018年10月に実査を行った。

　モデルの変数の測定方法については次のとおりである。まず、「PB の製
造者開示の度合い」は PB の銘柄（セブンプレミアムおよびトップバリュ）
についてパッケージの裏面表示における製造者の開示度合いについて 5 段階
尺度で測定した。「PB の信頼度」については、PB の銘柄（セブンプレミア
ムおよびトップバリュ）に対する信頼度を 5 段階尺度で測定した。「小売業
の信頼度」については、PB の銘柄に対応する食品小売業（イトーヨーカドー
およびイオン）に対する信頼度を 5 段階尺度で測定した。PB の購入頻度に
ついては、「週に 2 回以上購入、週に 1 回、月に 2 ～ 3 回、月に 1 回、月 1
回より少ない」という 5 段階尺度で測定した。それぞれの設問については 5
段階尺度に加えて、分析対象者から除外することを意図して「わからない／
購入したことがない」という項目を入れている。

　上記のほか、調査では「裏面情報の確認頻度」、「確認する裏面情報」、「食
品表示法による製造者開示の厳格化に関する認知」、「すべての PB において
製造者開示がなされた場合の自身の行動変化」について調査した。

7.5　分析結果

7.5.1　裏面情報の確認頻度

　まず、初めて購入する PB 商品に対する裏面情報の確認頻度について基本
的な集計結果を示す。新しい PB 商品について裏面情報を「必ず確認する」、
「時々確認する」を合わせて67％となった一方、「ほとんど確認しない／確認
することはない」という回答が19.6％となった（表7.1）。また、裏面情報を
確認する人 (n = 967) のうち、確認する情報としては、原産国の情報 (65.6％)、
栄養に関する情報 (51.1％)、添加物に関する情報 (43.5％)、製造者の情報

表7.1　初めて購入するPB商品の裏面情報の確認頻度

初めて購入するPB商品の裏面情報確認	N	%
必ず確認する（毎回）	328	27.3
時々確認する（2、3回に1回）	357	29.7
あまり確認しない（4、5回に1回）	282	23.5
ほとんど確認しない／確認することはない	235	19.6
全体	1202	100.0

表7.2　確認する裏面情報の内容

確認する情報	N	%
原材料の情報のうち、素材の原産国の情報	634	65.6
栄養に関連する情報	494	51.1
原材料の情報のうち、添加物の情報	421	43.5
製造者の情報	356	36.8
遺伝子組み換えの情報	257	26.6
アレルギーの情報	142	14.7
その他	21	2.2
全体 ※	967	100.0

※初めて購入するPB商品の裏面情報の確認頻度が「ほとんど確認しない／確認することがない」以外の回答者（n＝967）

（36.8％）となった（表7.2）。

7.5.2　セブンプレミアム、トップバリュに対する意識

　PB商品の裏面表示を確認する人（ほとんど確認しない／確認することはないと回答した人以外）において「製造者開示の度合い」が高かったのはセブンプレミアムである（表7.3）。実際に実際を行った2018年10月時点で製造者を開示しているのはセブンプレミアムであり、トップバリュの開示は限定的であった。消費者はある程度その点を認識していることが示された。また、セブンプレミアムの方が、トップバリュよりも信頼性が高い結果となった。ただし、製造者開示の度合いおよびPBの信頼度のPB間の差は有意である

表7.3　セブンプレミアム、トップバリュに対する意識（裏面表示確認者）

裏面確認者

	セブンプレミアム			トップバリュ			t	p	Cohen's d
	n	平均	標準偏差	n	平均	標準偏差			
PB の信頼度	905	4.133	0.861	843	3.912	0.971	5.007	0.000	0.240
製造者表示	763	3.962	0.926	700	3.760	1.020	3.952	0.000	0.207

ものの（p＜0.01）、効果量は大きいとは言えなかった（Cohen's d＜0.5）2 ）。

7.5.3　モデル分析結果

　全調査対象者のうち、セブンプレミアム、トップバリュ両者に対して回答を行っている495名を対象に分析を行った結果が図7.3である。モデルの適合度は、GFI＝0.996、AGFI＝0.982、NFI＝0.993、CFI＝0.995、RMSEA＝0.051、AIC＝23.137であった。一般的に、GFI、AGFI が0.95以上、RMSEA が0.06以下であれば適合度が高いとされるため3 ）、モデルとして問題のない水準である。まず、仮説1については、製造者開示の度合いが PB の信頼度と小売業の信頼度双方に影響を及ぼしており仮説が支持された。仮説2についても PB の信頼度が PB の購入頻度に影響を与えており、支持された。ただし、係数の推定値が0.23と必ずしも高い値ではなかった。仮説3については、小売業の信頼度が PB の信頼度に影響を与えており、支持された。係数の推定値も0.537と相対的に高い。製造者開示の度合いから PB の信頼度に対する間接効果（小売業の信頼度を経由）は、0.25（0.472×0.537）であり、一定の効果が存在していることも明らかとなった。

　仮説4の検証については、上記モデルを用いて裏面表示の確認頻度別による多母集団の同時分析を実施した。モデルの適合度は、GFI＝0.991、AGFI＝0.957、NFI＝0.985、CFI＝0.992、RMSEA＝0.034、AIC＝81.269で　あり、問題のない水準といえる。表7.4は、それぞれの標準化係数をまとめた

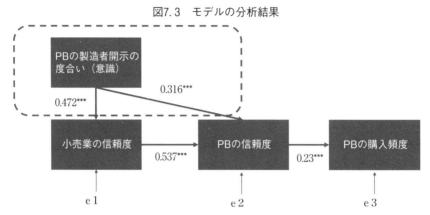

図7.3　モデルの分析結果

注）係数の値は標準化係数値

結果である。製造者開示の度合いがPBの信頼度に最も影響を与える結果となったのが、裏面表示を「必ず確認する」とした回答者であった。一方、製造者開示の度合いがPBの信頼に与える間接効果については、裏面表示を「必ず確認する」「時々確認する」とした回答者が影響を与える結果となった。このことから、仮説4についても支持される結果となった。

　仮説5の検証については、裏面情報として製造者情報を確認するとしたグループとそれ以外のグループで多母集団の同時分析を実施した。モデルの適合度は、GFI＝0.995、AGFI＝0.976、NFI＝0.991、CFI＝0.995、RMSEA＝0.038、AIC＝41.632であり、問題のない水準といえる。表7.5は、それぞれの標準化係数をまとめた結果である。製造者の情報を確認すると回答しなかった人の方が製造者開示の度合いが小売業とPBの信頼に与える影響が若干大きいが、両者におけるパス係数に有意差は見られなかった。したがって、仮説5は棄却された。

　仮説6の検証については、上記モデルを用いてPB別による多母集団の同時分析を実施した。モデルの適合度は、GFI＝0.995、AGFI＝0.975、NFI＝0.991、CFI＝0.994、RMSEA＝0.039、AIC＝42.152であり問題のない水

表7.4　表示の確認頻度別多母集団の同時分析によるパス係数

パス		裏面表示の確認頻度			
		必ず確認	時々確認	あまり 確認しない	ほとんど 確認しない
小売業の信頼度 ←---	製造者開示度 合い	0.526***	0.427***	0.386***	0.575***
PB の信頼度 ←---	製造者開示度 合い	0.432***	0.295***	0.228***	0.29***
PB の信頼度 ←---	小売業の信頼 度	0.447***	0.526***	0.635***	0.58***
PB の購入頻度 ←---	PB の信頼度	0.307***	0.253***	0.152**	0.2**

*** p<0.01．** p<0.05
注）係数の値は標準化係数値

表7.5　製造者情報の確認有無別多母集団の同時分析によるパス係数

パス		セブン プレミアム	トップ バリュ	係数の差の 検定統計量（z）
小売業の信頼度 ←---	製造者開示度合い	0.472***	0.468***	0.38
PB の信頼度 ←---	製造者開示度合い	0.337***	0.299***	−0.246
PB の信頼度 ←---	小売業の信頼度	0.486***	0.577***	2.203**
PB の購入頻度 ←---	PB の信頼度	0.186***	0.264***	0.736

*** p<0.01．** p<0.05
注）係数の値は標準化係数値

準である（表7.6）。トップバリュにおいても、製造者開示の度合いが PB および小売業の信頼度を高めるという仮説 1 のパスが有意となっている。また、トップバリュとセブンプレミアムのパス係数に有意差は見られなかった。したがって仮説 6 は棄却された。製造者の表示を行っていなかったトップバリュにおいてもセブンプレミアムと同様に製造者の開示度合いが PB の信頼度に影響を与えた要因として、消費者はトップバリュの製造者の開示度合いについて、実際の表示の有無に関わらず、販売者が記載されていることや製造固有記号を検索し、製造者の情報が閲覧できることで問題ないもの（すな

表7.6　PB別多母集団の同時分析によるパス係数

パス			製造者情報を確認すると回答した人	確認すると回答しなかった人	係数の差の検定統計量(z)
小売業の信頼度	←---	製造者開示度合い	0.464***	0.481***	0.191
PBの信頼度	←---	製造者開示度合い	0.298***	0.329***	−0.648
PBの信頼度	←---	小売業の信頼度	0.588***	0.500***	−1.253
PBの購入頻度	←---	PBの信頼度	0.261***	0.220***	−0.513

*** p<0.01，** p<0.05
注）係数の値は標準化係数値

わち、開示していると感じている）と認識している可能性がある。

7.6　小括

　今回の結果をまとめると次のようになる。まず製造者の情報開示度合いが高いと消費者が感じると、PBと小売業に対する信頼度の向上がもたらされる。次に、小売業に対する信頼度の向上は、PBに対する信頼の向上をもたらす。PBに対する信頼度の向上への影響は、製造者の情報開示度合いからの間接効果も小さくない。最終的にPBの信頼度の向上はPBの購入頻度に影響を及ぼす。以上のことから、食品表示法によって小売業の食品のPBの製造者の情報開示がなされることで、PBにおける製造者の情報開示度合いが高いと消費者が感じるようになれば、小売業やPBの信頼度を高め、PBの購入頻度を高める可能性が示唆された。

　一方で、製造者情報のパッケージ上の表示について、表示を実施していなかったPB（トップバリュ）と表示を実施していたPB（セブンプレミアム）に対する情報開示の度合いの違いはわずかであったことや、製造者の情報開示度合いからPBの信頼性へのパス係数が高くなかったことなどから、直接的な影響としては必ずしも大きなものではないことが示された。

　なお、モデルの適合度は高くモデルを構成する仮説についてはおおむね採択されたことから、信頼の概念を導入することによるモデルの有効性についても確認できた。

　以上の結果による実務上の示唆としては次のような点が挙げられる。第一に食品表示法によって PB において製造者の情報が全面的に開示された場合に、PB や小売業の信頼性が高まり PB 市場の拡大につながる可能性がある。特に従来開示していなかった PB において、製造者の情報開示度合いへの意識が高まり PB 拡大の影響が出てくることが想定される。第二に、影響の効果は、消費者の裏面表示の確認に対する意識や行動に依存するため、普及啓蒙等によって裏面表示に対する意識が高まらなければ大きな影響は出てこない可能性が示唆される。一方、裏面表示に対する意識が高まることで PB の拡大がより促進される可能性もある。

　なお、同じ調査対象者に食品表示法に関連する質問を実施したところ、製造者の表示の厳格化に対する認知は14.4％であり、認知度や関心は低い状況にあることが示された（図7.4）。

　一方、すべての PB において製造者の開示がなされた場合の自身の行動変化について質問したところ、すべての PB において製造者等の表示がなされるようになれば製造者の表示を確認するようになると考える人が一定数（38.4％）存在していた（図7.5）。また、PB に対する信頼が高まると考える人も一定数存在（29.1％）した。ただし、以前と変わることはないと回答した人も多く（36.1％）存在している。以前と変わることはないと回答した人の中には、すでに製造者等の表示を確認するなどの可能性がある。

　そこで、現状裏面表示を確認しない人（n＝328）に絞って、「製造所の表示を確認するようになる」、「以前と変わることはない」という点を確認した（図7.6）。その結果、現状裏面表示を確認しない人は、「製造所の表示を確認するようになる」と回答した割合が高かった（63％）。その一方で、「以前と変わることはない」と回答した人の割合は 2 割弱と低かった。

図7. 4　食品表示法の施行による製造
者表示の厳格化に対する認知

はい，14.4%

いいえ，85.6%

図7. 5　製造者の表示の厳格化後の意識・行動変化

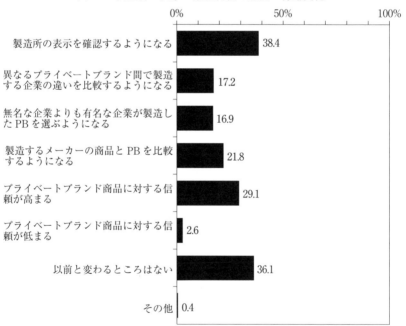

| | 0% | 50% | 100% |

製造所の表示を確認するようになる　38.4

異なるプライベートブランド間で製造する企業の違いを比較するようになる　17.2

無名な企業よりも有名な企業が製造したPBを選ぶようになる　16.9

製造するメーカーの商品とPBを比較するようになる　21.8

プライベートブランド商品に対する信頼が高まる　29.1

プライベートブランド商品に対する信頼が低まる　2.6

以前と変わるところはない　36.1

その他　0.4

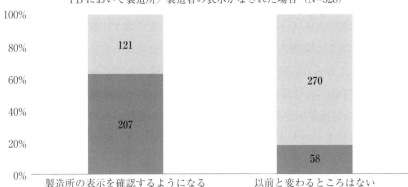

図7.6　現状裏面表示を確認しない人の表示の厳格化後の意識・行動変化
PB において製造所／製造者の表示がなされた場合（N=328）

このことから、裏面表示に対する普及啓蒙や認知度の向上がなされれば、裏面表示の確認に対する意識が高まる可能性が示された。

　最後に、協働型 PB への影響について検討する。協働型 PB に対する製造者の開示に対する認識は、現実を反映する形で非開示 PB よりもある程度高い結果となった。すでに協働型 PB においては、製造者の情報を開示しているとある程度されているため、食品表示法の影響は小さいものとであると考えられる。ただし、今回の結果から、食品表示法の影響によって PB 全体の信頼度の向上につながる可能性が示されているため、その点を踏まえるならば、マイナスの影響を及ぼすには至らないと考えられ、むしろ協働型 PB の拡大にもつながる可能性があることが示されたと言えるだろう。

7.7　課題

　本研究の課題については、次のとおりである。まず表示される製造者名の信頼度または認知度による違いについては考慮できていないことである。た

とえば製造者が無名であれば、PB の信頼性に対して負の影響を与える可能性もある。ただし、実務的な面から補足するならば、大手小売業の PB 供給事業者は、大手 NB メーカーまたはその関連する企業が比較的多いという傾向がみられるため実務的な検討の優先度は低いと考えられえる。

　次に、小売業への信頼と PB への信頼との関係である。本研究では小売業への信頼が PB への信頼に影響を与えると想定しモデル構築を行った。一方で、PB への信頼が小売業への信頼に影響を与えるというパスも存在することが考えられる。たとえば、Guenzi et al.（2009）は、顧客の信頼に関する包括的なモデルを提唱し、その中の一つとして PB に対する信頼が小売業に対する信頼を高めることを示した。双方の影響を考慮したモデルを検討したものの、有効なモデルを構築することができなかったため、改めてこの点を考慮したモデルの検討も必要となるだろう。

第8章 総括

8.1 研究課題に対する結論

　本書では、協働型 PB が日本において誕生し、消費者に支持されて拡大した要因として、①商品調達機能や PB 開発機能の外部化によってメーカー資源を活用する素地があったこと、②消費者の NB に対する好意的な態度や品質に対する知覚を取り込めたこと、③協働型 PB と自社の NB との併買がなされやすく、NB にとっての悪影響が少ないことを明らかにした。また、協働型 PB は、小売業主導によって共同開発を行うメーカー名を開示する動きとも捉えられるが、メーカー名の開示自体は食品表示法の規制によって強化されることとなった。このような開示の規制は、PB 全体に対する態度を改善される効果が見込める一方、ブランディングにおける協働型 PB の優位性が相対的に低下することになる可能性が示された。

　具体的な研究課題に対する個別の結論は以下のようにまとめられる。

① 国内外の PB の歴史の中で協働型 PB はどのように位置づけられるのか（研究課題1.1）

　　PB は、ジェネリクスと呼ばれるブランドが記載されない低価格・低品質の商品から発展して、NB にせまる品質の PB のみならず、NB を凌駕するような高品質な PB を展開するようになっていった。近年では、テー

マ型 PB やハードディスカウンターによる価格破壊型の PB が勢いを増している。欧米と比較した日本における PB の展開の特徴として、根本（1995）、Kumar & Steenkamp（2007）らが指摘するような価格破壊型の PB は定着していない。協働型 PB も PB の発展の最終段階ではなく、PB がブランドとして確立する段階の形態として誕生したと捉えられる。日本ではダイエーに見られるように、長らく PB の定着化に苦戦し、PB に対する安かろう悪かろうのイメージを払拭することは容易ではなかった。PB の発展段階のステージ移行を確実に果たすためには、従来とは異なるブランドや品質の訴求方法が必要だったのである。その点で協働型 PB は、日本市場において PB の発展段階が次の段階に移行する役割を果たしたと捉えることができる。

　日本の消費者の視点からは、PB が定着しつつある様子が伺える一方で、PB の選別や使い分けも行われていることが明らかとなった。また、PB に製造元（メーカー名）が表示されていないと不安であるとする消費者も多い。これらの点は経年でも大きな変化のないトレンドである。このような消費者の PB に対する不安が協働型 PB の支持を集めてきた側面もある。

　一方、変化として、改めて節約や家計防衛的な側面で PB が評価されており、今後の PB 購入意向も比較的高い結果としている点がある。また、PB の推奨意向が高まっている点にも注目する。従来、PB は NB の下位互換として価格で選択されることが多かったが、価格以外の要因でも推奨する点が出てきた可能性がある。

② 　既存の PB や類似概念との相違点はどのようなものか（研究課題1.2）
　PB の定義は多様であるが、近年は PB を「小売業が所有するブランド」、といった広い捉え方をするようになっている。日本では、メーカーと小売業の名称やブランドを付与した商品としてダブルチョップという概念が普及している。ダブルチョップは協働型 PB と類似した部分もあるが、NB

の小売業専用商品のような商品も含まれるため、本書ではPBとしての性格を明確化した協働型PBという概念を提示した。また、協働型PBがブランド論におけるコ・ブランディングの一形態と位置づけられる可能性があること、また協働型PBはメーカーと小売業がバリューチェーンにおける垂直的な関係であるという特性から、成分ブランディングに類似した位置づけとして捉えられることを明らかにした。ただし、成分ブランディングは一般的に一部の成分（クッキーにおけるチョコチップなど）にNBが用いられるケースを想定したものである。その点で、PB製造そのものをNB（関連会社を含む）が担う協働型PBの位置づけとは異なる点を指摘した。

③ 製販の協調関係において協働型PBはどのように位置づけられるのか（研究課題1.3）

　協働型PBを製販提携の位置づけに基づいて評価すると協働型PBは、市場的取引と位置づけられる従来のPBとは異なり、商品の共同開発という製販提携の協働課業と位置づけられる。ただし、製販提携の特徴である「メーカーと小売の双方が具体的な戦略目標（協働課業）の実現を目指した経営資源の相互補完・共有する」という側面は当てはまる一方、「競合他社に対する競争優位の確立を企図する」という点については必ずしも当てはまらない。競合他社が仮に他の小売業とした場合、メーカーは取引先である他の小売業を競合とはみなせないからである。また、製販提携は双方が対等の関係で選択することを念頭においていることが想定されるが、協働型PBは、あくまでPBとして位置づけられ、小売業が主導する。したがって、役割などの共同化はあるものの、双方が対等・互恵的な関係というよりも小売業の統制のもとで協調的な中間組織が運営される点を明らかにした。

④　協働型 PB の拡大に小売業の政策はどのような影響を及ぼしたのか（研究課題2.1）

　　日本における PB 開発や製造を内製化する動きは限定的であった。ダイエーなどの一部小売業では、商品研究所などを設立して商品開発力の強化を行おうという動きも見られたが、商品の開発や製造に投資を行うというよりもメーカーの資源に依存する形で PB を展開する動きが主流であった。協働型 PB は、小売業・メーカーがそれぞれの資源を活用しながら協働して開発を進めていくことに特徴があり、小売業が開発や製造を内製化することなく展開できる。小売業の投資抑制的な政策が、協働型 PB を展開することの動機づけに重要な役割を果たしたと捉えることができる。

⑤　協働型 PB の拡大に消費者の評価はどのような影響を及ぼしたのか（研究課題2.2）

　　協働型 PB を成分ブランディングの一形態と捉え、NB が協働型 PB に対する消費者の知覚品質を改善させる役割を果たしたかどうかについて検証した。その結果、知覚品質の高い NB は PB との協働によって協働型 PB の知覚品質を向上させる役割を果たしていることが示された。これはコ・ブランディングや成分ブランディングの既存研究とも整合する結果となっており、改めて協働型 PB をコ・ブランディングの一形態として捉えられることが確認できた。また、既存研究と今回の研究によって、有力な NB との協働型 PB が拡大していることは、知覚品質を高めるという視点において一定の成果を果たしたと結論づけられる。

　　なお、既存研究では知覚品質を高めることが、PB のシェア拡大につながることが複数の研究によって示されており、協働型 PB によって知覚品質が高まることにより、PB のシェアの拡大に貢献することが示唆された。

⑥　協働型 PB の拡大にメーカー側の対応がどのような影響を及ぼしたのか

138

（研究課題2.3）

　本書では、NB メーカーが協働型 PB を共同開発することの影響について、セブンプレミアムをケースとして消費者の購買の視点から検証を試みた。協働型 PB を購入することで、製造している NB の併買が起こりにくくなってしまうようであれば、NB メーカーとして協働型 PB に参画するメリットが薄れてしまう。しかし、実際の併買データからは、むしろセブンプレミアム購入者は通常の購入者よりも製造しているメーカーの NB も併買しやすい傾向があり、ネガティブな影響は確認できなかった。

　このことは、協働型 PB の製造メーカーにとって協働型 PB の製造することが、必ずしも自社の NB の顧客が協働型 PB にスイッチすることを意味せず、協働型 PB と自社 NB が共存可能であることを示唆するものである。

　以上の点から、メーカーの戦略として協働型 PB に取り組むことは、NB の売上への悪影響はそれほど高くないことが想定される一方で、小売業との構築などメーカー側のニーズにもが合致しており、取り組みに合理性があると評価できる。

　従来からもメーカーによる PB の製造受託に関する議論は多くなされてきた。しかしながら、そのほとんどはメーカーとしての企業戦略やチャネル戦略からの議論であり、消費者の視点によるものではなかった。本書では消費者の視点からメーカーによる協働型 PB の取り組みの合理性を示すことで、メーカーによる協働型 PB の取り組み拡大がメーカー側の合理的な選択によってもたらされたことを明らかにした。

⑦　食品表示法の製造者表示の厳格化は、PB および協働型 PB にどのような影響を及ぼすのか（研究課題3.1）

　流通企業における取組としての協働型 PB とは異なり、食品表示法によって PB における製造者表示がより厳格化されることなった。検証の結

果、製造者の情報開示度合いが高いと消費者が感じると、PBと小売業に対する信頼度の向上がもたらされることが明らかとなった。また、PBの信頼度の向上がPBの購入頻度に影響を及ぼすことも明らかとなった。このことから、食品表示法によって小売業の食品のPBの製造所の情報開示がなされることで、小売業やPBの信頼度を高め、PBの購入を拡大させる可能性が示された。

8.2 小売業への示唆

小売業への示唆は次のとおりである。まず、メーカーとの協働によるPB開発と消費者へのコミュニケーションは、PBに対する知覚品質や小売業のイメージにも肯定的な影響を及ぼす。したがって、協働型PBの開発を小売業が積極的に行うことの意味はある。ただし、食品表示法の規制などの影響によって、単にメーカー名を開示するだけでは、その効果を十分に発揮できなくなることが示されている。したがって「協働」の部分をより強化し、メーカーに丸投げではなく「協働」した成果をしっかりと消費者にコミュニケーションしていくことが必要になるものと考えられる。

協働型PBの事例として、セブンプレミアムの金の麺などメーカーが活用しきれていなかった技術を発掘して、PBに展開した事例を取り上げたが、このような取り組みも今後は一層重要性を増すことになるだろう。

8.3 メーカーへの示唆

メーカーにとっての示唆は次のとおりである。メーカーにとって協働型PBに取り組むことは、必ずしもNBにとって不利にならないことを消費者の購買行動から示すことができた。この背景として協働型PBを開発する際に、自社NBと差別化した商品を導入したいというメーカー側の意向がある

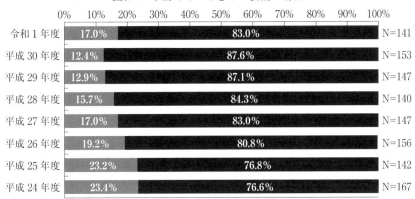

図8.1　不当であると感じる要請の有無

出所：食品産業センター（2020）。

程度反映されているものと捉えられる。また、協働型 PB を開発することで、その小売業の店頭における NB 商品の品揃えにも肯定的な影響を及ぼしていることも想定される。

　協働型 PB が展開・拡大された当初は、PB を開発するにあたって製造のノウハウや技術の開示圧力も厳しく、そのことに対するメーカー側の不安や不満もあったはずである。しかしながら、協働型 PB の開発を通じた協働の進展によってそのような不安や不満も減少しつつある。図8.1は、製造業者の団体である食品産業センターが毎年調査を行っている「食品産業における取引慣行実態調査」の令和元年度版から引用したものである。

　協働型 PB だけではなく、PB 全体の傾向ではあるものの、不当であると感じる要請は減少傾向にある。PB 全体における協働型 PB の形態は拡大傾向にあると想定されることから、協働型 PB における協働の深化によって、一方的な圧力やパワーの行使とメーカー側が捉えるケースが減少してきていると捉えられるだろう。これらのことから、メーカーにとっては、協働型 PB

への取り組みに参画することで、小売業との関係を構築するとともに、不当
な圧力を回避することにもつながる可能性が示唆される。

8.4　本書の意義と今後の課題

　本書を通じて協働型 PB は、世界的に見ても特殊な形態であるが、日本に
おける食品を中心とした PB の発展において重要な役割を果たしてきたこと
を示した。一方で PB 研究においても協働型 PB のような PB 形態に焦点を
当てた研究は、これまでほとんど見られなかった。その点で協働型 PB に焦
点を当て PB における位置づけを体系的に整理し、消費者の視点から協働型
PB が拡大した要因を検証したことは PB 研究に新たな貢献を果たしたもの
と考えられる。一方、海外において、近年 Rahman & Soesilo(2018)、Pérez
-Santamaría et al. (2019) など、メーカー名を表示した PB に関する研究が
出始めている。これらの研究は、「協働」という側面に注目するよりは、従
来メーカー名を表示しなかった PB において供給メーカー名を表示した際の
PB または NB への影響について検証したものであるが、今後の研究の展開
が期待される。

　本研究の課題としては、次のとおりである。協働型 PB を「NB メーカー
との共同開発を主張し、メーカー名やブランドを表示した PB」と定義した
が、実際の PB の形態は多岐にわたっており、同じ PB においても微妙に形
態が異なることが存在する。たとえば、NB のロゴなどを明示しているが、
共同開発とはあえて表示しないパターンなどである。これは、メーカー等の
方針と小売業側の意向の妥協の産物のようにも捉えられるが、このような詳
細なパターンによる分類、検討までは踏み込まなかった。細かな定義にとら
われて全体像を見失うよりも、可能な限り一般化して事象を捉えたいと考え
たためである。しかしながら、今後研究を深めていくに際しては、このよう
な詳細なパターン化も含めて検討を行っていく必要があると考えられる。

　次に、海外における状況の精査も課題として残っている。既存研究から、韓国や欧州などの一部の国においてメーカー名を表示した PB が展開されていることが示されているが、このことに関する研究（英語文献）は非常に少ない。実態調査も含めて、より研究を深めていく必要がある分野と考えられる。

第9章　補論：スペインにおける PB の製造者表示

　前章において海外における PB の製造者表示については、Rahman & Soe-silo（2018）、Pérez-Santamaría et al.（2019）といった研究が見られ始めていることを指摘した。その後の研究である Pérez-Santamaría et al.（2021）では、スペインにおける PB の製造者表示をテーマとして継続的な整理と研究が行われている。本章では、補論としてここまでの議論と関連する研究である Pérez-Santamaría et al.（2019）、Pérez-Santamaría et al.（2021）の研究を引用しながら、スペインにおける PB の製造者表示の状況を確認するとともに日本における協働型 PB との共通点や類似点について整理しておきたい。

9.1　製造者表示が NB のイメージに与える影響（Pérez-Santamaría et al., 2019）

　Pérez-Santamaría et al.（2019）では、スペインにおける製造者表示について、2012年に大手ディスカウンターであるメルカドーナ（Mercadona）が開始したとしている。このような開示を取り入れる小売業も拡大していることが伺われ、Pérez-Santamaría（2021）では、ドイツのハードディスカウンターであるリドル（Lidl）が2020年より製造者表示を開始するとしている。このようにスペインを中心とする欧州においても製造者表示が近年拡大しつつある。

　Pérez-Santamaría et al.（2019）では、製造者表示の影響について、PB を

製造する有力メーカーのNBのブランドイメージに与える影響を検証している。従来の研究では、NBのブランドイメージやNBの知覚品質に対して、影響を及ぼさないという結果と、ネガティブな影響をもたらすという説が混在している。そこで、製造者表示によって、NBのブランドイメージ、知覚品質、相対価格、ロイヤリティの意図に及ぼす影響を検証した。

　まず仮説として、PBの製造は、有力NBのイメージにネガティブな影響をもたらすのではないかという視点から、次のような具体的な仮説について検証を実施している。

- H1：イメージの高いNBのメーカーをPBのサプライヤーとして公表することは、PBが価格に対するイメージが高い場合にはNBの知覚品質にマイナスの影響を与え、NBのイメージが低い場合にはその影響は弱くなる。
- H2：イメージの高いNBのメーカーをPBのサプライヤーとして公表することは、PBが価格に対するイメージが高い場合にはNBのイメージにマイナスの影響を与え、NBのイメージが低い場合にはその影響は弱くなる。
- H3：イメージの高いNBのメーカーがPBのサプライヤーであることを公表することは、PBの価格に対するイメージが高ければNBへのロイヤリティにマイナスの影響を与え、NBのイメージが低ければその影響は弱くなる。
- H4：イメージの低いNBをPBのサプライヤーとして公表することは、PBの価格に対するイメージが高ければNBの相対的な価格認知にマイナスの影響を与え、NBのイメージが高ければその影響は弱くなる。

　調査は、540のサンプルに対して実施された。540サンプルのうち、228がミネラルウォーター、312サンプルがチョコレートカテゴリーについて回答

している。また、研究デザインは、カテゴリーごとに 2（PL イメージが高
い／低い）× 2（NB イメージが高い／低い）設計を行っている。なお、高
イメージの PB、低イメージの PB について、質問項目の平均値をとったと
ころ、高イメージの PB は低イメージの PB に比べて、品質が高い、ロイヤ
ルティが高い、なじみがある（Familiar）といった点だけではなく、価格も
相対的に安いという特徴がでている。

　また、仮説を検証するため、以下のようなモデル式による重回帰分析を実
施している。*QNB* は NB の知覚品質、*INB* は NB のブランドイメージ、*LNB*
は NB に対するロイヤルティ、*RPNB* は、NB の知覚価格、*ID* はサプライ
ヤーの情報開示の有無を示す。

- モデル 1　　$QNBi = a + \beta \times IDj + \varepsilon$
- モデル 2　　$INBi = a + \beta \times IDj + \varepsilon$
- モデル 3　　$LNBi = a + \beta \times IDj + \varepsilon$
- モデル 4　　$RPNBi = a + \beta \times IDj + \varepsilon$

表9.1は、ケース *i*（イメージの高い NB と低い NB）とケース *j*（イメージ
の高い PB と低い PB）の組み合わせとカテゴリーごとに、各従属変数につ
いて 1 つずつ、計 4 つのモデルの推定結果を示している。

　水のカテゴリーでは、高いイメージ NB を持つメーカーが、プライスポジ
ショニングを持つ小売業者に高いイメージ PB を提供している場合のみ、供
給メーカーの効果はネガティブであり、有意である。しかし、このメーカー
が低いイメージの PB を供給している場合、その効果は有意ではない。チョ
コレートについても、同様の結果が得られた。H 1 を裏づけるように、特に
価格に対するイメージが高い PB の場合、イメージの低い NB の知覚品質に
対する効果は、イメージの高い NB の場合よりも弱い。つまり、サプライヤー
の情報開示が NB に与える効果は、高いイメージの NB ではマイナスから中

表9.1　Pérez-Santamaría et al.（2019）における重回帰分析の結果

			品質		イメージ		ロイヤルティ		相対価格	
			係数	t	係数	t	係数	t	係数	t
水	高イメージのNB	定数	5.57***	33.64	0.82***	6.57	0.55***	3.09	5.50***	28.16
		高イメージのPB	-0.28**	-2.1	-0.29**	-2.17	-0.24**	-1.82	-0.1	-0.73
		定数	5.57***	32.67	0.82***	7.12	0.55***	3.05	5.50***	26.82
		低イメージのPB	0.03	0.24	-0.13	-0.97	-0.13	-0.92	-0.16	-1.2
	低イメージのNB	定数	4.14	19.17	-0.70***	-4.61	-0.46**	-2.58	3.75***	20.36
		高イメージのPB	0.11	0.79	0.05	0.38	0.1	0.71	0.32**	2.39
		定数	4.14***	18.85	-0.70***	-4.53	-0.46**	-2.53	3.75***	20.52
		低イメージのPB	0.04	0.29	0.05	0.33	-0.12	0.9	0.05	0.37
チョコレート	高イメージのNB	定数	5.93***	30.47	0.39**	2.6	0.31	1.24	4.87***	20.77
		高イメージのPB	-0.18**	-1.59	-0.19**	-1.62	-0.20**	1.69	0.05	-0.44
		定数	5.93***	24.37	0.38**	2.47	0.21	0.96	4.87***	18.45
		低イメージのPB	0.41	0.35	0.02	0.15	-0.07	-0.64	0.05	0.4
	低イメージのNB	定数	5.30***	23.22	-0.71***	-3.43	-0.46**	-2.68	4.70***	19.49
		高イメージのPB	0.19**	1.62	0.23**	2.05	0.32***	2.92	0.01	0.03
		定数	5.30***	22.31	-0.71***	3.69	-0.46**	2.59	4.70***	18.53
		低イメージのPB	0.19**	1.32	0.29***	2.48	0.28***	2.48	-0.30***	-2.68

立的、低いイメージの NB ではプラスから中立的となる。

　ブランドイメージについても同様の結果が得られ、H2を支持する結果となった。すなわち、イメージの低い NB のイメージへの影響は弱く、この効果はイメージが高い PB の場合にはマイナスとなる。価格に対するイメージが高い PB の供給者としてメーカーを開示することは、独自の連想を持つイメージの高い NB にマイナスの影響を与えることとなる。この結果は、ロイヤリティ意向についても同様で、イメージの高い PL の供給者がメーカーであることを開示すると、イメージの高い NB のロイヤリティにマイナスの影響を与えることから、H3も支持された。

　最後に、H4の結果では、水カテゴリーでは結果が支持されたが、チョコレートカテゴリーでは異なる結果となった。イメージの低い NB の相対価格は、イメージの低い PB を供給しているときに安いと感じられる。いずれのカテゴリーでも、NB のイメージが高ければ、PB のイメージに関わらず効果は現れない。したがって、H4を部分的に支持する結果となった。チョコ

レートカテゴリーで正の効果が見られないのは、表2.3に示すように、高い
イメージの NB と低いイメージの NB の相対価格に有意な差がないためと考
えられる。

　以上の結果から、Pérez-Santamaría et al.（2019）では次のような主張を
行っている。イメージの高い NB を持つメーカーは、小売業者がメーカーを
自分のサプライヤーとして情報開示しようとするのであれば、強くて評判の
高い PB のイメージを持つ小売業者との連携を避けるべきである。このよう
な場合、メーカーは強い PB イメージに対抗するためにプレミアムブランド
を構築し、小売店との協力関係を維持することが望ましい。一方で、小売業
者のイメージのポジショニングが低く、自社の PB が高品質であることを主
張していない場合、製造業の PB への協力は有益であると考えられる。小売
業者が自社の PB のサプライヤーとして NB を開示することを決めても NB
のイメージに大きなダメージを受けずに済み、他方でメーカーは小売業者と
の関係を改善することができ、小売業者の棚での NB のスペースが拡大する
可能性があるためである（ter Braak et al., 2013）。

9.2　製造者表示が小売業のイメージに与える影響（Pérez-Santamaría et al., 2021）

　Pérez-Santamaría（2021）では、製造者表示が小売業のイメージに与える
影響について、4つの仮説を検証している。

　第1に、NB を製造するメーカーが PB の供給業者であると小売業が開示
することは、小売業のイメージに肯定的な影響を与える。この仮説が導出さ
れた理由は、シグナリング理論による。消費者はよく知られたブランドを品
質のシグナルとして利用し、製品を評価するための情報を得るために製品の
属性（ブランド、メーカー、成分など）を調べる（Erdem and Swait, 1998
など）。NB 製造業者が PB の供給業者であるという確信は、消費者の PB 品
質に対する知覚と PB に対する確信的態度の両方を向上させる外在的シグナ

ルとなる（Fugate, 1986など）。PB 供給業者の情報開示は PL 評価の強力な
シグナルであることから、このシグナルは小売業者の認知にも影響を与える
と考えられる。Olson（2012）は、NB メーカーが PB 供給業者でもあるとい
う確信から小売企業へのイメージ移転を示唆しており、この移転によって消
費者の小売企業に対する情動的・観念的態度が改善される可能性があるとし
ている。したがって、小売企業が PB 供給業者を開示することは、消費者に
品質を伝えることになり、それによって小売企業のイメージが向上するはず
である。

　第2に、NB を製造するメーカーが PB の供給業者と小売業が開示するこ
とで小売業のイメージに肯定的な影響を与える度合いは、小売業のイメージ
のポジショニングが低いときに高くなる。この仮説が導出された理由として、
コ・ブランドやブランドアライアンスに関する文献によると、ブランドエ
クイティの異なる2つのブランドが提携した場合、ブランドエクイティの
低い方のブランドが提携によって最も恩恵を受けるため、より強いスピル
オーバー効果が得られるとされていることによる（Simonin and Ruth, 1998
など）。

　第3に、NB を製造するメーカーが PB の供給業者と小売業が開示するこ
とで小売業のイメージに肯定的な影響を与える度合いは、PB のエクイティ
（知覚品質やイメージ）が低いときに高くなる。この仮説が導出された理由
として、ブランドアライアンスに関する文献では、ブランドエクイティの低
いブランドがアライアンスから最も恩恵を受けるとされていることによる
（Simonin and Ruth, 1998など）。

　第4に、PB の供給業者が高いイメージの NB であると小売業が開示した
場合、小売業のイメージが低いとより肯定的に小売業のイメージに影響する。
この仮説が導出された理由として、ブランドアライアンスに関する文献では、
Rao and Ruekert（1994）が、ブランドは評判の高い提携先と提携すること
で、ブランドの認知度が向上することを示していることによる。小売業者は

ブランドとみなすことができるため（たとえば、Ailawadi and Keller, 2004）、イメージの高い NB を生産するメーカーとの小売業者のブランドアライアンスは、品質のシグナルとみなすことができ、それは NB のイメージが低い場合よりも強くなる想定される。仮説 2 では、小売店のイメージ・ポジショニングの調整効果を提案しているが、これまでの推論によれば、NB のイメージがモデレーターとして機能している可能性もある。

　調査は、スペインの消費者300名を割り付け実施している。研究デザインは、Pérez-Santamaría et al.（2019）と同様、カテゴリーごとに 2（PB イメージが高い／低い）× 2（NB イメージが高い／低い）という設計を行っている。

　分析は、小売業のイメージ（RIM）を被説明変数とした重回帰分析による 4 つのモデルを設定し、検証している。説明変数として用いているのは、供給業者の開示有無（SD）、小売業に対するロイヤルティ（RLI）、PB に関する統制変数（PL）、小売業のイメージの高低（RL）、供給業者の NB のイメージの高低（NBH）である。

　それぞれの仮説を検証するため、モデル 1 から 5 を設定して検証した。

- モデル 1　$RIMi = α + β × SDi + γ × RLIi + δ × PLj + ε$
- モデル 2　$RIMi = α + β × SDi + γ × RLIi + δ × PLj + λ × RLi + ω × SDi × RLi + ε$
- モデル 3　$RIMi = α + β × SDi + γ × RLIi + δ × PLj + φ × SDi × PL qualityj + ε$
- モデル 4　$RIMi = α + β × SDi + γ × RLIi + δ × PLj + σ × SDi × PL imagej + ε$
- モデル 5　$RIMi = α + γ × RLIi + δ × PLj + λ × RLi + ρ × NBHk + ν × RLi × NBHk + ε$

表9.2　Pérez-Santamaría et al.（2021）の重回帰分析モデルの検証結果

	モデル1		モデル2		モデル3		モデル4		モデル5	
	係数	t	係数	t	係数	t	係数	t	係数	t
定数	-1.52^{***}	-5.3	-1.48^{***}	-5.23	-2.19^{***}	5.33	-1.50^{***}	-5.31	-1.41^{***}	-4.82
SD	0.21^{***}	4.18	0.03	0.54	0.60^{***}	3.31	0.22^{***}	4.47		
RLI	0.38^{***}	7.20	0.35^{***}	6.93	0.37^{***}	6.92	0.37^{***}	7.05	0.42^{***}	7.20
PL Quality	0.13^{***}	2.17	0.16^{***}	2.88	0.33^{***}	3.10	0.13^{**}	2.05	0.16^{**}	2.4
PL Relative Price	-0.07	4.32	-0.07	-1.58	-0.08	-1.58	-0.06	-1.32	-0.08	-1.44
PL Image	0.27^{***}		0.32^{***}	5.29	0.27^{***}	4.32	0.52^{***}	4.86	0.25^{***}	3.54
RL			-0.07	-0.82					0.31^{***}	4.03
NBH									-0.09	-1.15
SD×RL			0.41^{***}	3.96						
SD×PLQuality					-0.44^{**}	-2.26				
SD×PLImage							-0.27^{***}	-2.82		
RL×NBH									0.08	0.88
調整済みR2		0.442		0.528		0.451		0.458		0.493

$^{*}p<0.10,\ ^{**}p<0.05,\ ^{***}p<0.01$

なお、i は、小売業のイメージの高低のケース、j は、PB のイメージの高低のケースを示している。検証結果は、表9.2のとおりである。

　仮説1は、モデル1の SD 変数が小売店のイメージに有意な正の効果（0.21，p＜0.01）を及ぼしており、支持された。メーカーやその初期のポジショニングに関わらず、小売店は消費者が持つイメージを強化することができることが明らかとなった。

　仮説2は、モデル2の SD 変数と RL 変数の交互作用が、イメージの低い小売業者に対して有意な正の効果（0.41，p＜0.01）を持つことが明らかとなり支持された。したがって、メーカーを明らかにすることは、消費者が小売店を評価する際のポジティブで強いシグナルとなる一方、イメージや評判の高い小売企業は、消費者の心の中でより良いポジションを獲得できる可能性が明らかとなった。

　仮説3は、SD 変数と PB の品質（モデル3）および PL のイメージ（モデル4）との相互作用は、有意な負の効果を持っており、支持された（それぞれ、- 0.44，p＜0.05，および - 0.27，p＜0.01）。

　仮説 4 は、*RL* と *NBH* の交互作用（*NL* × *NBH*）は有意な係数を生まず（p = 0.382）、NB のイメージは、PB 供給業者の開示が小売店のイメージに与える影響に影響しないことが示され、支持されなかった。

　以上の結果から、Pérez-Santamaría et al.（2021）では次のように結論づけている。

　まずメーカー名の開示は、小売業のイメージに正の影響を与えること、またメーカー名の開示の影響は、PB のエクイティ、品質、イメージによっても調整効果が存在することが示されたことである。すなわち、小売業の PB のエクイティ、品質、イメージが高い場合には、メーカー名開示の影響は弱まることになる。

　これらのことは、小売業にとって、PB の製造者が誰であるかに関わらず、製造者の情報を開示するだけで小売業者に対する消費者の態度が改善されることを示唆している。さらに、小売業のイメージ・ポジショニングが低い場合、メーカーの情報開示は、小売業のイメージを向上させる非常に強いポジティブ・シグナルとなる。しかし、すでに高いイメージ・ポジショニングを獲得している小売企業の場合、消費者が小売企業を評価する際にメーカーの情報開示はあまり意味を持たない。なぜなら、消費者は PL や顧客サービスなどの他の要因によって小売企業を好意的に評価している可能性が高いからだとしている。PB 供給者の情報開示のようなシグナルは、NB と PB の両方に関する現在の認識を小売業者のイメージに移転させる。これらの認識がポジティブであればあるほど、消費者の小売企業に対する評価もポジティブになる。しかし、PB が高いイメージを享受している場合、そのポジティブな効果は低くなる。

9.3　本研究との比較

　本書の第 5 章では、メーカーとの共同開発商品であることの開示と、それ

が協働型 PB の知覚品質に与える影響を検証しており、開示が PB の知覚品質へのポジティブな影響を及ぼしていること、その影響は NB メーカーに対する親近性によって調整効果がもたらされることを示した。一方で PB に対する親近性による調整効果は確認することができなかった。この結果は、Pérez-Santamaría（2021）の結果とも、ある程度整合的である。

　すなわち、小売業にとって、製造者の情報を開示することで、小売業者に対する消費者の態度（第5章では知覚品質に限定）が改善されるという点は共通している。これは、第5章に示したブランド・アライアンス／コ・ブランディングの既存研究の結果とも類似したものとなっている。一方で、PB のイメージの高低により、態度の改善の効果が異なる点というについては、第5章において PB の親近性の高低による検証を行ったが、明確な影響が見られなかった[1]。ただし、第5章の検証では、知覚品質を構成する下位尺度のレベルで確認すると、親近性の高低による影響が出ている項目も存在していた。これらの項目は、PB の親近性の低い場合に NB との協働によって肯定的な評価を得られることを示しており、Pérez-Santamaría（2021）との結果とも矛盾しない結果となっている。

　一方で開示によるメーカーへの影響について検証した Pérez-Santamaría et al.（2019）と同様の研究は本書では実施していない。ただし、第6章における消費者の協働型 PB と NB の購入の分析から、協働型 PB の購入が NB の購入にネガティブな影響を与えておらず、メーカーにとって協働型 PB に取り組むことは、必ずしも NB にとって不利にならないことを示している。この結論は、Pérez-Santamaría et al.（2019）における、高いイメージのメーカーが製造者表示を行う高いイメージの小売業の PB を製造することは、NB

---

1)　ブランドイメージの高低と親近性の高低は、同一の概念ではない。しかしながら、Pérez-Santamaría（2021）の実験で使用したブランドイメージの高い PB と低い PB については、親近性についてもブランドイメージの高い PB において親近性が高いという結果が得られている。

のイメージにネガティブな影響を与えるため、取り組みを避けるべきである
という主張と一致しない。両者の違いについては、今後より詳細な検討が必
要ではあるが、考えうる仮説を提示しておきたい。日本の協働型 PB では、
協働という側面が存在しており、第 6 章で確認したように協働型 PB を開発
する際に、自社 NB と差別化した商品を導入したいというメーカー側の意向
もある程度反映することが可能となっていると想定される。一方で、スペイ
ンにおける PB は、仕様は小売業が決め、製造をメーカーが行うという従来
型の PB の延長で付加的に製造者の表示を行っている、という PB の形態の
違いによる影響があると考えられるのである。

　以上のことをまとめると、スペインにおける PB の製造者表示の研究と本
研究の類似点も多く、スペインの一部小売業では PB の製造者表示によって
PB が恩恵を受けていることが示唆される。一方で、NB への影響や PB へ
の影響の調整効果の違いは、各国における PB におけるメーカーと小売業の
協働の度合いによって生じてくる可能性も示唆されており、単なる製造者情
報開示を超えた日本における取り組みの意義を確認することができた。

　また、協働型 PB は日本における独特の発展形態であることを本書では示
してきたが、スペインでの取り組みや消費者の反応を見ると、国を超えて展
開できる PB の形態であることが示唆される。このことから小売業が海外展
開を行う際に、現地の有力メーカーと協働型 PB に取り組むことで、海外小
売業のなじみのない、低いイメージの PB といった不利な点を改善できる可
能性を指適し、本章の結びとしたい。

参考資料

参考資料１：PBと協働型PBに対する消費者の意識変化調査結果付表

　参考資料として、第４章において実施した消費者調査の調査対象者の属性および単純回答結果について、付表として提示する。なお、表中のnは、回答者の実数を示す。

１．調査対象者の属性

付表1.1　年齢構成

年齢	n	％
20歳～29歳	192	16.7
30歳～39歳	216	18.8
40歳～49歳	274	23.8
50歳～59歳	229	19.9
60歳以上	241	20.9
全体	1152	100.0

付表1.2　居住する都道府県

都道府県	n	％
茨城県	37	3.2
栃木県	44	3.8
群馬県	44	3.8
埼玉県	209	18.1
千葉県	136	11.8
東京都	416	36.1
神奈川県	266	23.1
全体	1152	100.0

付表1.3　未既婚

未既婚	n	％
未婚	405	35.2
既婚	747	64.8
全体	1152	100.0

付表1.4　子供の有無

子供の有無	n	％
子供有り	619	53.7
子供無し	533	46.3
全体	1152	100.0

2．単純集計結果

以下の中で、あなたが「知っている」PB（プライベート・ブランド）の銘柄を、すべて選んでください。	n	%
トップバリュ（イオン）	808	70.1
トップバリュ　セレクト（イオン）	531	46.1
トップバリュ　ベストプライス（イオン）	474	41.1
トップバリュ　グリーンアイ　オーガニック／フリーフロム／ナチュラル（イオン）	427	37.1
セブンプレミアム（セブン＆アイ）	877	76.1
セブンゴールド（セブン＆アイ）	572	49.7
みなさまのお墨付き（西友）	485	42.1
きほんのき（西友）	293	25.4
スターセレクト（ライフ／ヤオコー）	143	12.4
スマイルライフ（ライフ）	135	11.7
東急ストアプラス／Tokyu Store＋（東急ストア）	133	11.5
eatime（マルエツ／カスミ／マックスバリュ）	94	8.2
CGC（シジシージャパン）〔CGC、CGC プライム、CGC オーガニック、断然お得、食彩鮮品、くらしのベスト、V パック、ショッパーズプライス、適量適価等〕	300	26.0
生活（くらし）良好（サミット他）	282	24.5
くらしモア（ライフ／エコス／ユーコープ他）	193	16.8
V マーク／バリュープラス（関東私鉄系スーパー他）	240	20.8
CO-OP（コープ）〔コープ（レギュラー商品）、コープクオリティ等〕	497	43.1
イエス！ヤオコー／Yes!Yaoko（ヤオコー）	175	15.2
カインズ／CAINZ（カインズ）	406	35.2
ベイシア（ベイシア）	230	20.0
ローソンセレクト（ローソン）	664	57.6

ナチュラルローソン（ナチュラルローソン／ローソン）	558	48.4
ファミリーマートコレクション（ファミリーマート）	496	43.1
その他	3	0.3
PBは1つも知らない	73	6.3
全体	1152	100.0

付表1.6　銘柄別PBの購入（複数回）

そのうち、最近1年間にあなたが「食品」または「日用雑貨」を「繰り返し（2回以上）」買ったPBの銘柄を、すべて選んで下さい。※各PBの銘柄で異なる商品を買った場合でも、「食品／日用雑貨」の購入回数の合計が「2回以上」あれば、選択してください。	n	%
トップバリュ（イオン）	363	33.6
トップバリュ　セレクト（イオン）	205	19.0
トップバリュ　ベストプライス（イオン）	183	17.0
トップバリュ　グリーンアイ　オーガニック／フリーフロム／ナチュラル（イオン）	137	12.7
セブンプレミアム（セブン＆アイ）	418	38.7
セブンゴールド（セブン＆アイ）	210	19.5
みなさまのお墨付き（西友）	218	20.2
きほんのき（西友）	128	11.9
スターセレクト（ライフ／ヤオコー）	72	6.7
スマイルライフ（ライフ）	69	6.4
東急ストアプラス／Tokyu Store＋（東急ストア）	47	4.4
eatime（マルエツ／カスミ／マックスバリュ）	40	3.7
CGC（シジシージャパン）〔CGC、CGCプライム、CGCオーガニック、断然お得、食彩鮮品、くらしのベスト、Vパック、ショッパーズプライス、適量適価等〕	135	12.5
生活（くらし）良好（サミット他）	107	9.9
くらしモア（ライフ／エコス／ユーコープ他）	66	6.1
Vマーク／バリュープラス（関東私鉄系スーパー他）	90	8.3

CO-OP（コープ）〔コープ（レギュラー商品）、コープクオリティ等〕	174	16.1
イエス！ヤオコー／Yes!Yaoko（ヤオコー）	109	10.1
カインズ／CAINZ（カインズ）	137	12.7
ベイシア（ベイシア）	85	7.9
ローソンセレクト（ローソン）	217	20.1
ナチュラルローソン（ナチュラルローソン／ローソン）	141	13.1
ファミリーマートコレクション（ファミリーマート）	182	16.9
その他	7	0.6
2回以上購入したPBは1つもない	186	17.2
全体	1079	100.0

付表1.7A　銘柄別PBの購入（最頻購入）

これらのうち、「食品」または「日用雑貨」（医薬品、化粧品を含む）を「最もよく買った」PBの銘柄を、1つ選んでください。	n	%
トップバリュ（イオン）	154	14.3
トップバリュ　セレクト（イオン）	35	3.2
トップバリュ　ベストプライス（イオン）	31	2.9
トップバリュ　グリーンアイ　オーガニック／フリーフロム／ナチュラル（イオン）	16	1.5
セブンプレミアム（セブン＆アイ）	148	13.7
セブンゴールド（セブン＆アイ）	38	3.5
みなさまのお墨付き（西友）	90	8.3
きほんのき（西友）	21	1.9
スターセレクト（ライフ／ヤオコー）	12	1.1
スマイルライフ（ライフ）	17	1.6
東急ストアプラス／Tokyu Store＋（東急ストア）	13	1.2
eatime（マルエツ／カスミ／マックスバリュ）	8	0.7

CGC（シジシージャパン）〔CGC、CGC プライム、CGC オーガニック、断然お得、食彩鮮品、くらしのベスト、V パック、ショッパーズプライス、適量適価等〕	37	3.4
生活（くらし）良好（サミット他）	24	2.2
くらしモア（ライフ／エコス／ユーコープ他）	9	0.8
V マーク／バリュープラス（関東私鉄系スーパー他）	20	1.9
CO-OP（コープ）〔コープ（レギュラー商品）、コープクオリティ等〕	65	6.0
イエス！ヤオコー／Yes!Yaoko（ヤオコー）	35	3.2
カインズ／CAINZ（カインズ）	28	2.6
ベイシア（ベイシア）	23	2.1
ローソンセレクト（ローソン）	27	2.5
ナチュラルローソン（ナチュラルローソン／ローソン）	18	1.7
ファミリーマートコレクション（ファミリーマート）	19	1.8
その他	5	0.5
2 回以上購入した PB は 1 つもない	186	17.2
全体	1079	100.0

付表1.7B　PB に対する意識

「食品／日用雑貨」（医薬品、化粧品を含む）の PB 商品に関して、以下の各項目は、あなたの考えや行動にどの程度あてはまりますか。それぞれ、選んでください。	全体	あてはまる	ややあてはまる	どちらともいえない	あまりあてはまらない	あてはまらない
買い物をする時、PB を売っている店をなるべく選ぶ	893 100.0	44 4.9	132 14.8	389 43.6	216 24.2	112 12.5
PB を買ったり使ったりすることに、抵抗感はない	893 100.0	292 32.7	367 41.1	181 20.3	37 4.1	16 1.8
本当は、PB よりメーカーブランド品の方がよいと思う	893 100.0	58 6.5	187 20.9	473 53.0	137 15.3	38 4.3
PB に「製造元」（メーカー名）が表示されていないと、不安だ	893 100.0	126 14.1	251 28.1	320 35.8	139 15.6	57 6.4

売場でPBとメーカーブランド品を比べると、ついPBを選んでしまう	893	93	206	410	136	48
	100.0	10.4	23.1	45.9	15.2	5.4
どの商品でもPBでよい訳ではなく、PBを使う商品はある程度選んでいる	893	132	364	291	74	32
	100.0	14.8	40.8	32.6	8.3	3.6
PBにしかない、お気に入りの商品がある	893	115	205	345	152	76
	100.0	12.9	23.0	38.6	17.0	8.5
今はPBが見当たらないが、PBがあれば是非買いたい商品がある	893	67	165	451	138	72
	100.0	7.5	18.5	50.5	15.5	8.1
PBは、新商品の発売やリニューアルが少なくてつまらない	893	33	138	437	206	79
	100.0	3.7	15.5	48.9	23.1	8.8
売場で、PBがもっと増えて欲しい	893	139	236	405	80	33
	100.0	15.6	26.4	45.4	9.0	3.7
売場で、PBが増えすぎていると思う	893	44	134	369	248	98
	100.0	4.9	15.0	41.3	27.8	11.0
PBがあることで、家計が助かる	893	208	350	259	50	26
	100.0	23.3	39.2	29.0	5.6	2.9
友人・知人に勧めたいPBがある	893	61	142	362	204	124
	100.0	6.8	15.9	40.5	22.8	13.9
最近、PBを使うのに飽きて来た	893	25	67	350	279	172
	100.0	2.8	7.5	39.2	31.2	19.3
商品カテゴリーによってPBの銘柄(ブランド)を使い分けている。	893	126	289	320	113	45
	100.0	14.1	32.4	35.8	12.7	5.0

（上段：n、下段：%）

付表1.8　最頻購入 PB 購入金額の変化

1年前と今を比べて、あなたが回答した「最もよく買った」PBの「食品／日用雑貨」（医薬品、化粧品を含む）を買う1ヶ月あたりの「金額」は、増えましたか、減りましたか。	n	%
増えた	81	9.1
やや増えた	198	22.2
変わらない	583	65.3
やや減った	21	2.4
減った	10	1.1
全体	893	100.0

付表1.9　最頻購入 PB の購入金額が増えた理由
※付表1.8で増えた、やや増えたと回答した人が対象

1年前に比べて、あなたが「最もよく買った」PBを買う金額が「増えた」理由を、選んでください。	n	%
普段行く店で、その PB を売り始めたから	67	24.0
近くに、その PB を売る店が出来たから	52	18.6
買える商品の種類が増えたから	118	42.3
味や品質がよいから	116	41.6
容量や入っている個数が、ちょうどよいから	55	19.7
メーカーブランド品が、売場からなくなった／減ったから	26	9.3
安全性が高いから	41	14.7
メーカーブランド品に比べて、価格が安いから	106	38.0
他の PB に比べて、価格が安いから	65	23.3
いつも、一定の価格で売っているから	79	28.3
時々、特売しているから	21	7.5
節約する必要性が高まったから	53	19.0
その他	5	1.8
全体	279	100.0

付表1.10　最頻購入 PB の購入金額が減った理由

1 年前に比べて、あなたが「最もよく買った」PB を買う金額が「減った」理由を選んでください。	n	%
普段行く店で、その PB を売るのをやめたから	1	3.2
近くに、その PB を売る店がなくなったから	4	12.9
買える商品の種類が減ったから	2	6.5
品切れしていることが多いから	5	16.1
味や品質がよくないから	4	12.9
容量や入っている個数が、多すぎる／少なすぎるから	1	3.2
メーカーブランド品を、よく買うようになったから	4	12.9
安全性に不安があるから	2	6.5
メーカーブランド品に比べて、価格が安くないから	5	16.1
他の PB に比べて、価格が安くないから	1	3.2
特売をしないから	3	9.7
PB も含めた生活費を節約しているため	7	22.6
節約する必要がなくなったから	5	16.1
その他	3	9.7
全体	31	100.0

付表1.11　最頻購入 PB に対する満足度

あなたは、あなたが「最もよく買った」PB の「食品／日用雑貨」（医薬品、化粧品を含む）に対して、全体的にどの程度満足していますか。	n	%
満足している	221	24.7
やや満足している	446	49.9
どちらともいえない	201	22.5
あまり満足していない	22	2.5
満足していない	3	0.3
全体	893	100.0

付表1.12　最頻購入PBに対する項目別満足度

あなたが「最もよく購入した」PBの「食品／日用雑貨」（医薬品、化粧品を含む）に関して、以下の各項目に対し、あなたはどの程度「満足」していますか。それぞれ、選んでください。	全体	満足している	やや満足している	どちらともいえない	あまり満足していない	満足していない
味や品質がよい	893 100.0	138 15.5	389 43.6	329 36.8	34 3.8	3 0.3
幅広いカテゴリーで商品が作られている	893 100.0	135 15.1	364 40.8	353 39.5	34 3.8	7 0.8
1商品あたりの種類（味、タイプ等）が豊富である	893 100.0	81 9.1	268 30.0	456 51.1	67 7.5	21 2.4
容量や入っている個数がちょうどよい	893 100.0	123 13.8	394 44.1	333 37.3	36 4.0	7 0.8
安全性が高い	893 100.0	116 13.0	305 34.2	438 49.0	28 3.1	6 0.7
原産地、原材料などの情報が開示されている	893 100.0	105 11.8	322 36.1	420 47.0	35 3.9	11 1.2
製造元（メーカー名）が明示されている	893 100.0	133 14.9	338 37.8	358 40.1	51 5.7	13 1.5
信頼できる製造元(メーカー)が商品を作っている	893 100.0	122 13.7	352 39.4	374 41.9	35 3.9	10 1.1
売っている店が、有名／大手の小売業である	893 100.0	141 15.8	368 41.2	355 39.8	25 2.8	4 0.4
新商品を、よく発売している	893 100.0	64 7.2	224 25.1	478 53.5	104 11.6	23 2.6
発売後の商品を、改良・改善している	893 100.0	85 9.5	294 32.9	459 51.4	50 5.6	5 0.6
店の売場で商品が見つけやすい	893 100.0	151 16.9	405 45.4	304 34.0	26 2.9	7 0.8
品切れが少ない	893 100.0	144 16.1	408 45.7	306 34.3	30 3.4	5 0.6

入手しやすい（普段行く店で売っている）	893	208	424	233	22	6
	100.0	23.3	47.5	26.1	2.5	0.7
包装／商品パッケージが簡易である	893	148	377	326	36	6
	100.0	16.6	42.2	36.5	4.0	0.7
常に、一定の低価格で売っている	893	237	388	238	25	5
	100.0	26.5	43.4	26.7	2.8	0.6
時々、特売している	893	79	235	393	140	46
	100.0	8.8	26.3	44.0	15.7	5.2
メーカーブランド品に比べて、価格が安い	893	299	350	210	28	6
	100.0	33.5	39.2	23.5	3.1	0.7
よく、テレビCMを見かける	893	42	142	459	168	82
	100.0	4.7	15.9	51.4	18.8	9.2
チラシに、商品がよく掲載されている	893	64	187	501	100	41
	100.0	7.2	20.9	56.1	11.2	4.6

（上段：n、下段：％）

付表1.13　PB購入時重視項目（MA）

「食品／日用雑貨」（医薬品、化粧品を含む）のPB商品を買う時、あなたが「重視すること」を、以下からすべて選んでください。	n	％
味や品質がよい	412	46.1
幅広いカテゴリーで商品が作られている	139	15.6
１商品あたりの種類（味、タイプ等）が豊富である	114	12.8
容量や入っている個数がちょうどよい	232	26.0
安全性が高い	275	30.8
原産地、原材料などの情報が開示されている	186	20.8
製造元（メーカー名）が明示されている	182	20.4
信頼できる製造元（メーカー）が商品を作っている	234	26.2
売っている店が、有名／大手の小売業である	138	15.5
新商品を、よく発売している	52	5.8
発売後の商品を、改良・改善している	116	13.0

店の売場で商品が見つけやすい	198	22.2
品切れが少ない	218	24.4
入手しやすい（普段行く店で売っている）	381	42.7
包装／商品パッケージが簡易である	168	18.8
常に、一定の低価格で売っている	404	45.2
時々、特売している	125	14.0
メーカーブランド品に比べて、価格が安い	423	47.4
よく、テレビCMを見かける	38	4.3
チラシに、商品がよく掲載されている	46	5.2
その他	3	0.3
全体	893	100.0

付表1.14　PB購入時重視項目（SA）

「食品／日用雑貨」（医薬品、化粧品を含む）のPB商品を買う時、あなたが「最も重視すること」を、以下から一つ選んでください。	n	%
味や品質がよい	170	19.0
幅広いカテゴリーで商品が作られている	14	1.6
1商品あたりの種類（味、タイプ等）が豊富である	11	1.2
容量や入っている個数がちょうどよい	16	1.8
安全性が高い	72	8.1
原産地、原材料などの情報が開示されている	31	3.5
製造元（メーカー名）が明示されている	23	2.6
信頼できる製造元（メーカー）が商品を作っている	37	4.1
売っている店が、有名／大手の小売業である	10	1.1
新商品を、よく発売している	13	1.5
発売後の商品を、改良・改善している	12	1.3
店の売場で商品が見つけやすい	21	2.4
品切れが少ない	13	1.5

入手しやすい（普段行く店で売っている）	68	7.6
包装／商品パッケージが簡易である	14	1.6
常に、一定の低価格で売っている	139	15.6
時々、特売している	20	2.2
メーカーブランド品に比べて、価格が安い	192	21.5
よく、テレビ CM を見かける	7	0.8
チラシに、商品がよく掲載されている	8	0.9
その他	2	0.2
全体	893	100.0

付表1.15　今後の PB 購入金額

今後、あなたが「食品／日用雑貨」（医薬品、化粧品を含む）の PB 商品を買う 1 ヶ月あたりの「金額」は、どうなると思いますか。※「最もよく買う」PB に限らず、「食品／日用雑貨」の「PB 商品」全体の購入金額がどうなると思うか、をお答え下さい。	n	%
増えると思う	99	11.1
やや増えると思う	261	29.2
変わらない	509	57.0
やや減ると思う	18	2.0
減ると思う	6	0.7
全体	893	100.0

参考資料2：協働型PBの成功要因に関する研究調査結果付表

参考資料として、第5章において実施した消費者調査の調査対象者の属性および単純回答結果について、パターン別に付表として提示する。なお、表中のnは回答者の実数を示す。

1．調査対象者の属性

付表2.1　年齢構成

年齢	全体 n	パターン1 n	パターン2 n
20歳～29歳	96	48	48
30歳～39歳	96	48	48
40歳～49歳	100	52	48
50歳～59歳	110	52	58
全体	402	200	202

付表2.2　居住する都道府県

都道府県	全体 n	パターン1 n	パターン2 n
茨城県	21	13	8
栃木県	15	5	10
群馬県	12	3	9
埼玉県	69	33	36
千葉県	48	26	22
東京都	163	86	77
神奈川県	74	34	40
全体	402	200	202

付表2.3　未既婚

未既婚	全体 n	パターン1 n	パターン2 n
未婚	150	74	76
既婚	252	126	126
全体	402	200	202

付表2.4　子供の有無

子供の有無	全体 n	パターン1 n	パターン2 n
子供有り	198	101	97
子供無し	204	99	105
全体	402	200	202

2. 単純集計結果

付表2.5 パターン1：NB の知覚品質（下位尺度）

マヨネーズ・ドレッシングのブランドであるキユーピーに対するあなたの考えをそれぞれ選んでください。	全体	尺度						
		1	2	3	4	5	6	7
魅力的でない／魅力的である	200	2		4	28	43	53	70
低品質だと思う／高品質だと思う	200	1	1	2	28	46	61	61
信用できない／信用できる	200	15	14	16	22	25	40	68
コストパフォーマンスが悪い／コストパフォーマンスが良い	200	1	2	6	74	63	28	26

付表2.6 パターン1：PB の知覚品質（下位尺度）

イオンのプライベート・ブランドであるトップバリュに対するあなたの考えをそれぞれ選んでください。	全体	尺度						
		1	2	3	4	5	6	7
魅力的でない／魅力的である	202	13	6	19	119	27	7	11
低品質だと思う／高品質だと思う	202	11	6	10	134	28	4	9
信用できない／信用できる	202	6	2	15	127	18	17	17
コストパフォーマンスが悪い／コストパフォーマンスが良い	202	9	3	11	120	28	14	17

付表2.7　パターン1：協働型 PB の知覚品質（下位尺度）

トップバリュとキユーピーがコラボレーションを行い新たなドレッシング商品「トップバリュドレッシング by Kewpie（和風しょうゆ味、すりおろし玉ねぎ味、ごまだれ味)」を共同開発します。この新製品について、あなたの考えに当てはまるものを選んでください。	全体	尺度						
		1	2	3	4	5	6	7
魅力的でない／魅力的である	202	4	5	10	104	45	21	13
低品質だと思う／高品質だと思う	202	4	1	12	120	32	26	7
信用できない／信用できる	202	4	10	16	116	21	23	12
コストパフォーマンスが悪い／コストパフォーマンスが良い	202	4		7	138	21	22	10

付表2.8　パターン2：NB の知覚品質（下位尺度）

マヨネーズ・ドレッシングのブランドであるキユーピーに対するあなたの考えをそれぞれ選んでください。	全体	尺度						
		1	2	3	4	5	6	7
魅力的でない／魅力的である	202	3		2	18	39	58	82
低品質だと思う／高品質だと思う	202	4		4	24	38	51	81
信用できない／信用できる	202	21	11	22	19	19	33	77
コストパフォーマンスが悪い／コストパフォーマンスが良い	202	3	1	5	72	61	32	28

付表2.9　パターン２：PB の知覚品質（下位尺度）

CGC ジャパン加盟店のプライベート・ブランドである CGC に対するあなたの考えをそれぞれ選んでください。※CGC ジャパンには、三徳、コモディイイダ、マミーマート、フレッセイ等、地域のスーパーマーケットが加盟しています。	全体	尺度						
		1	2	3	4	5	6	7
魅力的でない／魅力的である	200	6	6	25	77	48	18	20
低品質だと思う／高品質だと思う	200	6	5	23	86	54	13	13
信用できない／信用できる	200	7	6	32	76	34	28	17
コストパフォーマンスが悪い／コストパフォーマンスが良い	200	4	2	8	68	57	36	25

付表2.10　パターン２：協働型 PB の知覚品質（下位尺度）

CGC とキユーピーがコラボレーションを行い新たなドレッシング商品「CGC ドレッシング by Kewpie（和風しょうゆ味、すりおろし玉ねぎ味、ごまだれ味）」を共同開発します。この新製品について、あなたの考えに当てはまるものを選んでください。	全体	尺度						
		1	2	3	4	5	6	7
魅力的でない／魅力的である	200	6	3	22	87	40	22	20
低品質だと思う／高品質だと思う	200	4	3	14	95	41	27	16
信用できない／信用できる	200	5	8	22	88	36	19	22
コストパフォーマンスが悪い／コストパフォーマンスが良い	200	3	2	10	92	51	23	19

参考資料3：食品表示規制が協働型 PB に与える影響に関する調査結果付表

　参考資料として、第7章において実施した消費者調査の調査対象者の属性および単純回答結果について、付表として提示する。なお、表中の n は回答者の実数を示す。

1．調査対象者の属性

付表3.1　年齢構成

年齢	n	%
20歳～29歳	240	20.0
30歳～39歳	241	20.0
40歳～49歳	240	20.0
50歳～59歳	240	20.0
60歳以上	241	20.0
全体	1202	100.0

付表3.2　居住する都道府県

都道府県	n	%
埼玉県	246	20.5
千葉県	186	15.5
東京都	501	41.7
神奈川県	269	22.4
全体	1202	100.0

付表3.3　未既婚

未既婚	n	%
未婚	446	37.1
既婚	756	62.9
全体	1202	100.0

付表3.4　子供の有無

子供の有無	n	%
子供有り	630	52.4
子供無し	572	47.6
全体	1202	100.0

2．単純集計結果

付表3.5　裏面表示の確認

初めて購入するプライベートブランドの商品について、パッケージの裏面表示を確認することはありますか。裏面表示とは、パッケージの裏に記載される、原材料や栄養・アレルギー・製造者等の表示のことです。	n	%
必ず確認する（毎回）	328	27.3
時々確認する（2、3回に1回）	357	29.7
あまり確認しない（4、5回に1回）	282	23.5
ほとんど確認しない／確認することはない	235	19.6
全体	1202	100.0

付表3.6　裏面表示確認内容（MA）

プライベートブランド商品のパッケージ裏面表示のうち、確認する内容を全て選んでください。	n	%
栄養に関連する情報（砂糖や塩分の含有量、エネルギー表示など）	494	51.1
原材料の情報のうち、素材の原産国の情報	634	65.6
原材料の情報のうち、添加物の情報	421	43.5
製造者の情報	356	36.8
遺伝子組み換えの情報	257	26.6
アレルギーの情報	142	14.7
その他	21	2.2
全体	967	100.0

付表3.7　裏面表示確認内容（SA）

プライベートブランド商品のパッケージ裏面表示のうち、最も重視するものを１つ選んでください。	n	%
栄養に関連する情報（砂糖や塩分の含有量、エネルギー表示など）	249	25.7
使われている素材の原産国の情報	375	38.8
添加物の情報	167	17.3
アレルギーの情報	54	5.6
製造者の情報	109	11.3
その他	13	1.3
全体	967	100.0

付表3.8　裏面表示を確認しない理由
※付表3.5において確認しないと回答した人のみ

裏面表示を確認していない理由について最も当てはまるものを教えてください。	n	%
自分にとって必要な情報ではないから	51	21.7
確認するのが面倒だから	90	38.3
確認するまでもなく、そのブランドを信頼しているから	39	16.6
そもそもプライベートブランド自体を購入しないから	53	22.6
その他	2	0.9
全体	235	100.0

付表3.9　銘柄別 PB の購入状況

プライベートブランド各銘柄の購入状況についてあてはまるものを選んでください。	全体	購入していない	週に2回以上購入	週に1回	月に2〜3回	月に1回	月1回より少ない
セブンプレミアム（イトーヨーカドー、セブンイレブンで取り扱い）	1202 100.0	294 24.5	101 8.4	141 11.7	162 13.5	122 10.1	382 31.8
トップバリュ（イオン、マックスバリュ、ミニストップ、ウェルシアで取り扱い）	1202 100.0	397 33.0	83 6.9	122 10.1	132 11.0	113 9.4	355 29.5
スマイルライフ（ライフで取り扱い）	1202 100.0	769 64.0	32 2.7	29 2.4	43 3.6	35 2.9	294 24.5
みなさまのお墨付き（西友で取り扱い）	1202 100.0	610 50.7	43 3.6	56 4.7	80 6.7	86 7.2	327 27.2

（上段：n、下段：%）

表3.10　銘柄別 PB の信頼度

プライベートブランド各銘柄の信頼度についてあてはまると思われるものを選んでください。	全体	信頼できる	やや信頼できる	どちらともいえない	やや信頼できない	信頼できない	わからない（利用していないなど）
セブンプレミアム（イトーヨーカドー、セブンイレブンで取り扱い）	1202 100.0	444 36.9	412 34.3	218 18.1	16 1.3	14 1.2	98 8.2
トップバリュ（イオン、マックスバリュ、ミニストップ、ウェルシアで取り扱い）	1202 100.0	328 27.3	380 31.6	270 22.5	24 2.0	33 2.7	167 13.9
スマイルライフ（ライフで取り扱い）	1202 100.0	178 14.8	226 18.8	327 27.2	25 2.1	15 1.2	431 35.9
みなさまのお墨付き（西友で取り扱い）	1202 100.0	235 19.6	290 24.1	302 25.1	36 3.0	14 1.2	325 27.0

（上段：n、下段：%）

表3.11　銘柄別 PB の原産国開示度合い

プライベートブランド各銘柄のパッケージの裏面表示における原産国の開示度合いについてあてはまると思われるものを選んでください。	全体	開示している	やや開示している	どちらともいえない	やや開示していない	開示していきない	わからない（利用していないなど）
セブンプレミアム（イトーヨーカドー、セブンイレブンで取り扱い）	1202 100.0	275 22.9	293 24.4	309 25.7	16 1.3	11 0.9	298 24.8
トップバリュ（イオン、マックスバリュ、ミニストップ、ウェルシアで取り扱い）	1202 100.0	221 18.4	262 21.8	306 25.5	20 1.7	24 2.0	369 30.7
スマイルライフ（ライフで取り扱い）	1202 100.0	129 10.7	149 12.4	294 24.5	12 1.0	15 1.2	603 50.2
みなさまのお墨付き（西友で取り扱い）	1202 100.0	173 14.4	187 15.6	292 24.3	21 1.7	16 1.3	513 42.7

（上段：n、下段：%）

表3.12　銘柄別 PB の製造者・製造所開示度合い

各銘柄のパッケージの裏面表示における製造者や製造所の開示度合いについてあてはまると思われるものを選んでください。	全体	開示している	やや開示している	どちらともいえない	やや開示していない	開示していない	わからない（利用していないなど）
セブンプレミアム（イトーヨーカドー、セブンイレブンで取り扱い）	1202 100.0	301 25.0	272 22.6	289 24.0	17 1.4	18 1.5	305 25.4
トップバリュ（イオン、マックスバリュ、ミニストップ、ウェルシアで取り扱い）	1202 100.0	236 19.6	239 19.9	291 24.2	40 3.3	27 2.2	369 30.7
スマイルライフ（ライフで取り扱い）	1202 100.0	141 11.7	144 12.0	275 22.9	15 1.2	15 1.2	612 50.9
みなさまのお墨付き（西友で取り扱い）	1202 100.0	176 14.6	191 15.9	276 23.0	17 1.4	16 1.3	526 43.8

（上段：n、下段：%）

表3.13　食品表示法による製造者表示厳格化の認知

食品表示法の施行により、2020年4月1日までにプライベートブランドの食品については、販売者（小売業名など）だけではなく、製造所（製造するメーカーや製造している工場の住所など）の表示が義務付けられることを知っていましたか？	n	%
はい	173	14.4
いいえ	1029	85.6
全体	1202	100.0

表3.14　製造者開示された場合の意識・行動（MA）

全てのプライベートブランドにおいて、製造所（製造するメーカーや住所）が公開されるようになった場合、あなたの態度に当てはまるものを全て選んでください。	n	%
製造所の表示を確認するようになる	462	38.4
異なるプライベートブランド間で製造する企業の違いを比較するようになる	207	17.2
無名な企業よりも有名な企業が製造したPBを選ぶようになる	203	16.9
製造するメーカーの商品とPBを比較するようになる	262	21.8
プライベートブランド商品に対する信頼が高まる	350	29.1
プライベートブランド商品に対する信頼が低まる	31	2.6
以前と変わるところはない	434	36.1
その他	5	0.4
全体	1202	100.0

表3.15 製造者開示された場合の意識・行動（SA）

全てのプライベートブランドにおいて、製造所（製造するメーカーや住所）が公開されるようになった場合、最もあなたの態度に当てはまるものを一つ選んでください。	n	%
製造所の表示を確認するようになる	283	23.5
異なるプライベートブランド間で製造する企業の違いを比較するようになる	65	5.4
無名な企業よりも有名な企業が製造したPBを選ぶようになる	96	8.0
製造するメーカーの商品とPBを比較するようになる	120	10.0
プライベートブランド商品に対する信頼が高まる	184	15.3
プライベートブランド商品に対する信頼が低まる	13	1.1
以前と変わるところはない	437	36.4
その他	4	0.3
全体	1202	100.0

参考文献

Aaker, D. A., & Keller, K. L. (1990). Consumer Evaluations of Brand Extensions. *Journal of Marketing*, 54 (1), 27. https://doi.org/10.2307/1252171

Aguinis, H., Forcum, L. E., & Joo, H. (2013). Using Market Basket Analysis in Management Research. *Journal of Management*, 39 (7), 1799–1824. https://doi.org/10.1177/0149206312466147

Ailawadi, K. L., & Harlam, B. (2004). An Empirical Analysis of the Determinants of Retail Margins: The Role of Store-Brand Share. *Journal of Marketing*, 68 (1), 147–165. https://doi.org/10.1509/jmkg.68.1.147.24027

Ailawadi, K. L., & Keller, K. L. (2004). Understanding Retail Branding: Conceptual Insights and Research Priorities. *Journal of Retailing*, 80 (4), 331–342. https://doi.org/10.1016/j.jretai.2004.10.008

Amrouche, N., Martín-Herrán, G., & Zaccour, G. (2008). Pricing and advertising of private and national brands in a dynamic marketing channel. *Journal of Optimization Theory and Applications*. https://doi.org/10.1007/s10957-007-9340-8

Arnett, D. B., Laverie, D. A., & Wilcox, J. B. (2010). A longitudinal examination of the effects of retailer-manufacturer brand alliances: The role of perceived fit. *Journal of Marketing Management*, 26 (1-2), 5–27. https://doi.org/10.1080/02672570903534647

Batra, R., & Sinha, I.(2000). Consumer-level factors moderating the success of private label brands. *Journal of Retailing*. https://doi.org/10.1016/S0022-4359(00)00027-0

Berck, P., Brown, J., Perloff, J. M., & Villas-Boas, S. B.(2008). Sales: Tests of theories on causality and timing. *International Journal of Industrial Organization*. https://doi.org/10.1016/j.ijindorg.2007.12.007

Bettman, J. R., & Sujan, M. (1987). Effects of Framing on Evaluation of Comparable and Noncomparable Alternatives by Expert and Novice Consumers. *Journal of Consumer Research*, 14 (2), 141. https://doi.org/10.1086/209102

Blattberg R.C., Kim BD., Neslin S.A. (2008). Market Basket Analysis. In: Database Marketing. International Series in Quantitative Marketing, vol 18. Springer, New York, NY.

Bonfrer, A., & Chintagunta, P. K. (2004). Store Brands : Who Buys Them and What Happens to Retail Prices When They Are Introduced? *Review of Industrial Organization*, 24 （2）, 195–218. https : //doi.org/10.1023/B : REIO.0000033352.19694.4a

Bucklin, L. P., & Sengupta, S. (1993). Organizing Successful Co-Marketing Alliances. *Journal of Marketing*, 57 （2）, 32–46. https : //doi.org/10.1177/002224299305700203

Burt, S. (2000). The strategic role of retail brands in British grocery retailing. *European, Journal of Marketing*, 34 （8）, 875–890. https : //doi.org/10.1108/03090560010331351

Chaudhuri, A., & Holbrook, M. B. (2001). The chain of effects from brand trust and brand affect to brand performance : The role of brand loyalty. *Journal of Marketing*, 65 （02）, 81–93. https : //doi.org/10.1509/jmkg.65.2.81.18255

Cho, Y. S., Burt, S., & Dawson, J. (2013). Why Do Local South Korean Market Leaders Supply Retailer Grocery Brands? *Journal of Asia-Pacific Business*, 14 （4）, 336–360. https : //doi.org/10.1080/10599231.2013.810985

Cho, Y. S., Rha, H. S., & Burt, S. (2015). The impact of customer awareness of manufacturer name disclosure on retail brand attitudes and loyalty in Korea. *Journal of Retailing and Consumer Services*, 22, 128–137. https : //doi.org/10.1016/j.jretconser.2014.10.008

Chan Choi, S., & Coughlan, A. T. (2006). Private label positioning : Quality versus feature differentiation from the national brand. *Journal of Retailing*, 82（2）, 79–93. https : //doi.org/10.1016/j.jretai.2006.02.005

Collins-Dodd, C., & Lindley, T. (2003). Store brands and retail differentiation : the influence of store image and store brand attitude on store own brand perceptions. *Journal of Retailing and Consumer Services*, 10 （6）, 345–352. https : //doi.org/10.1016/S0969-6989(02)00054-1

Cooper, M.C. and Gardner, J.T. (1993). Building Good Business Relationships : More than Just Partnering or Strategic Alliances? *International Journal of Physical Distribution & Logistics Management*, 23 （6）, 14–26. https : //doi.org/

10.1108/09600039310044876

Corsten, D., & Kumar, N. (2005). Do suppliers benefit from collaborative relationships with large retailers? An empirical investigation of efficient consumer response adoption. *Journal of Marketing*, 69（3）, 80–94. https：//doi.org/10.1509/jmkg.69.3.80.66360

Cotterill, R., & Putsis, W.(2000). Market Share and Price Setting Behavior for Private Labels and National Brands. *Review of Industrial Organization*, 17（1）, 17–39. http：//www.jstor.org/stable/41798942

Dawar, N., & Parker, P. (1994). Marketing Universals：Consumers' Use of Brand Name, Price, Physical Appearance, and Retailer Reputation as Signals of Product Quality. *Journal of Marketing*, 58（2）, 81. https：//doi.org/10.2307/1252271

De Wulf, K., Odekerken-Schröder, G., Goedertier, F., & Ossel, G. Van. (2005). Consumer perceptions of store brands versus national brands. *Journal of Consumer Marketing*. https：//doi.org/10.1108/07363760510605335

Dodds, W. B., Monroe, K. B., & Grewal, D. (1991). Effects of Price, Brand, and Store Information on Buyers' Product Evaluations. *Journal of Marketing Research*, 28（3）, 307. https：//doi.org/10.2307/3172866

Dodds, William, B., & Monroe, Kent, B. (1985). The Effect of Brand and Price Information on Subjective Product Evaluations. *Advances in Consumer Research*, 12, 85–90.

Dwyer, F. R., Schurr, P. H., & Oh, S. (1987). Developing Buyer-Seller Relationships. *Journal of Marketing*, 51（2）, 11–27. https：//doi.org/10.1177/002224298705100202

Erdem, T., & Swait, J. (1998). Brand Equity as a Signaling Phenomenon. *Journal of Consumer Psychology*, 7（2）, 131–157. https：//doi.org/10.1207/s15327663jcp0702_02

Fugate, D.(1986). The effects of manufacture disclosure on consumer perceptions of private brand grocery product attributes. *Journal of Consumer Affairs*, 20（1）, 118–130.

Gielens, K., Ma, Y., Namin, A., Sethuraman, R., Smith, R. J., Bachtel, R. C., Jervis, S. (2021). The Future of Private Labels：Towards a Smart Private Label Strategy. *Journal of Retailing*, 97（1）, 99–115.

Guenzi, P., Johnson, M. D., & Castaldo, S. (2009). A comprehensive model of customer trust in two retail stores. *Journal of Service Management*, 20 (3), 290–316. https://doi.org/10.1108/09564230910964408

Heide, J. B. (1994). Interorganizational Governance in Marketing Channels. *Journal of Marketing*, 58 (1), 71. https://doi.org/10.2307/1252252

Helmig, B., Huber, J.-A., & Leeflang, P. S. H. (2008). Co-branding : The State of the Art. *Schmalenbach Business Review*, 60 (4), 359–377. https://doi.org/10.1 007/bf03396775

Hoch, S., & Banerji, S. (1993). When do private labels succeed? *Sloan Management Review*, 34 (4), 57.

Hock, S. J., & Dhar, S. K. (1997). Why Store Brand Penetration Varies by Retailer. *Marketing Science*, 16 (3), 208–227.

Hyman, M. R., Kopf, D. A., & Lee, D. (2010, March). Review of literature-Future research suggestions : Private label brands : Benefits, success factors and future research. *Journal of Brand Management*, Vol. 17, pp. 368–389. https://doi.o rg/10.1057/bm.2009.33

Kamakura, W. A. (2012). Sequential market basket analysis. *Marketing Letters*, 23 (3), 505–516. https://doi.org/10.1007/s11002-012-9181-6

Keller, K. L. (2013). Strategic Brand Management : Building, Measuring and Managing Brand Equity 4 th edition. Pearson Education Limited

Kelting, K., Duhachek, A., & Whitler, K. (2017). Can copycat private labels improve the consumer's shopping experience? A fluency explanation. *Journal of the Academy of Marketing Science*, 45 (4), 569–585. https://doi.org/10.1007/s 11747-017-0520-2

Kirmani, A., & Rao, A. R. (2000). No Pain, No Gain : A Critical Review of the Literature on Signaling Unobservable Product Quality. *Journal of Marketing*, 64 (2), 66–79. https://doi.org/10.1509/jmkg.64.2.66.18000

Kumar, N., & Steenkamp, J-B. E. M. (2007). Private label strategy : How to meet the store brand challenge. Boston : Harvard Business School Publishing

Laaksonen, H., & Reynolds, J. (1994). Own brands in food retailing across Europe. *Journal of Brand Management*, 2 (1), 37–46. https://doi.org/10.1057/bm.1994.30

Levin, I. P., & Levin, A. M. (2000). Modeling the Role of Brand Alliances in the

Assimilation of Product Evaluations. *Journal of Consumer Psychology*, 9 (1), 43–52. https://doi.org/10.1207/s15327663jcp0901_4

Liu, T. C., & Wang, C. Y. (2008). Factors affecting attitudes toward private labels and promoted brands. *Journal of Marketing Management*, 24 (3-4), 283–298. https://doi.org/10.1362/026725708X306103

Olson, E. L. (2012). "Outing" the supplier: implications for manufacturers and retailers. *Journal of Product & Brand Management*. 21 (1), 47–52. https://doi.org/10.1108/106104212

Park, C. W., Jun, S. Y., & Shocker, A. D.(1996). Composite branding alliances: An investigation of extension and feedback effects. *Journal of Marketing Research*, 33 (4), 453–466. https://doi.org/10.2307/3152216

Pauwels, K., & Srinivasan, S. (2004). Who benefits from store brand entry? *Marketing Science*, 23 (3). https://doi.org/10.1287/mksc.1030.0036

Pérez-Santamaría, S. & Martos-Partal, M. & Garrido-Morgado, Á. (2019). Identifying a private-label supplier on national brand. *Journal of Product & Brand Management*. 28. https://doi.org/10.1108/JPBM-06-2018-1908.

Pérez-Santamaría, Samanta & Martos-Partal, Mercedes. (2021). Analyzing the effects of private-label supplier disclosure on retailer image. *Journal of Retailing and Consumer Services*. 62. 102666. https://doi.org/10.1016/j.jretconser.2021.102666.

PLMA (2019). The Store Brands History. (https://www.plma.com/storeBrands/facts2019.html　2020年7月10日アクセス)。

Putsis, W. P., & Cotterill, R. W. (1999). Share, price and category expenditure—geographic market effects and private labels. *Managerial and Decision Economics*. https://doi.org/10.1002/(SICI)1099-1468(199906)20:4<175::AID-MDE928>3.0.CO;2-I

Rahman, F., & Soesilo, P. K. M. (2018). The effect of information exposure of contract manufacturing practice on consumers' perceived risk, perceived quality, and intention to purchase private label brand. *Journal of Retailing and Consumer Services*, 42 (January), 37–46. https://doi.org/10.1016/j.jretconser.2018.01.010

Rajavi, K., Kushwaha, T., & Steenkamp, J. B. E. M. (2019). In Brands We Trust?

A Multicategory, Multicountry Investigation of Sensitivity of Consumers' Trust in Brands to Marketing-Mix Activities. *Journal of Consumer Research*, 46 （4）, 651–670. https://doi.org/10.1093/jcr/ucz026

Raju, J. S., Sethuraman, R., & Dhar, S. K. （1995）. Introduction and performance of store brands. *Management Science*, 41 （6）, 957–978. https://doi.org/10.1287/mnsc.41.6.957

Rao, A. R., & Monroe, K. B. （1989）. The Effect of Price, Brand Name, and Store Name on Buyers' Perceptions of Product Quality : An Integrative Review. *Journal of Marketing Research*, 26 （3）, 351. https://doi.org/10.2307/3172907

Rao, A. R., Qu, L. U., & Ruekerp, R. W. （1999）. Signaling Unobservable Product Ouality Through a Brand Ally. *Journal of Marketing Research*, 36 （May）, 258–269. https://doi.org/10.2307/3152097

Retail Detail （2020）. Carrefour launches new private label : Simpl. （https://www.retaildetail.eu/en/news/food/carrefour-launches-new-private-label-simpl 2020年 8 月25日アクセス）。

Richardson, P. S., Dick, A. S., & Jain, A. K. （1994）. Extrinsic and Intrinsic Cue Effects on Perceptions of Store Brand Quality. *Journal of Marketing*, 58 （4）, 28. https://doi.org/10.2307/1251914

Richardson, P. S., Jain, A. K., & Dick, A. (1996). Household store brand proneness : A framework. *Journal of Retailing*, 72 （2）, 159–185. https://doi.org/10.1016/S0022-4359(96)90012-3

Rubio, N., Villaseñor, N., & Yagüe, M. J. （2017）. Creation of consumer loyalty and trust in the retailer through store brands : The moderating effect of choice of store brand name. *Journal of Retailing and Consumer Services*, 34(August), 358–368. https://doi.org/10.1016/j.jretconser.2016.07.014

Sayman, S., & Raju, J. S. （2004）. How category characteristics affect the number of store brands offered by the retailer : A model and empirical analysis. *Journal of Retailing*, 80 （4）, 279–287. https://doi.org/10.1016/j.jretai.2004.10.004

Schutte, T. F. (1969). The Semantics of Branding. *Journal of Marketing*, 33（2）, 5. https://doi.org/10.2307/1249395

Semeijn, J., van Riel, A. C. R., & Ambrosini, A. B. （2004）. Consumer evaluations of store brands : Effects of store image and product attributes. *Journal of Retail-*

ing and Consumer Services. 11 （4）. 247-258. https：//doi.org/10.1016/S0969-69
89(03)00051-1

Sethuraman, R., & Cole, C. （1999）. Factors influencing the price premiums that consumers pay for national brands over store brands. *Journal of Product & Brand Management*, 8 （4）. 340-351. https：//doi.org/10.1108/10610429910284 319

Simonin, B. L., & Ruth, J. A.(1998). Is a company known by the company it keeps? Assessing the spillover effects of brand alliances on consumer brand attitudes. *Journal of Marketing Research*, 35 （February）, 30-42. https：//doi.org/10.2307/ 3151928

Steenkamp, J-B. E. M., & Kumar, N. （2009）. Don't Be Undersold!. *Harvard Business Reviewm*, 87, 90-95.

Stevenson, R. W. （1986）. NO-FRILLS, NO SALES. New York Times. （https：//w ww.nytimes.com/1986/10/05/business/no-frills-no-sales.html 2020年8月1日 アクセス）

Swait, J., & Erden, T. （2004）. Brand Credibility, Brand Consideration, and Choice. *Journal of Consumer Research*, 31 （6）, 191-198.

Swan, J. E. （1974）. Price—Product Performance Competition between Retailer and Manufacturer Brands. *Journal of Marketing*. https：//doi.org/10.1177/00222 4297403800309

Ter Braak, A., Deleersnyder, B., Geyskens, I., & Dekimpe, M. G. （2013）. Does private-label production by national-brand manufacturers create discounter goodwill? *International Journal of Research in Marketing*, 30 （4）, 343-357. https：// doi.org/10.1016/j.ijresmar.2013.03.006

Ter Braak, A., & Deleersnyder, B. （2018）. Innovation Cloning：The Introduction and Performance of Private Label Innovation Copycats. *Journal of Retailing*, 94 （3）, 312-327. https：//doi.org/10.1016/j.jretai.2018.06.001

Vahie, A., & Paswan, A. （2006）. Private label brand image：Its relationship with store image and national brand. *International Journal of Retail and Distribution Management*, 34 （1）, 67-84. https：//doi.org/10.1108/09590550610642828

Vaidyanathan, R., & Aggarwal, P. （2000）. Strategic brand alliances：implications of ingredient branding for national and private label brands. *Journal of Product*

& *Brand Management*, 9 （4）, 214-228. https：//doi.org/10.1108/106104200103
44013

Zeithaml, V. A.(1988). Consumer Perceptions of Price, Quality, and Value： A
Means-End Model and Synthesis of Evidence. *Journal of Marketing*, 52（3）, 2－
22. https：//doi.org/10.1177/002224298805200302

渥美俊一・桜井多恵子（2010）『チェーンストアの商品開発』ダイヤモンド社。

伊部泰弘（2007）『総合小売業のプライベート・ブランド論―プライベート・ブラ
ンド・マネジメント方法論を中心に』、龍谷大学学位論文。

浦上拓也（2019）NB ポートフォリオと PB 製造受託―カルビー社の場合―『商経
論叢』, 53（3）、73-82、神奈川大学経済学会。

大野尚弘（2010）『PB 戦略―その構造とダイナミクス―』千倉書房。

大野尚弘（2013）有力メーカーが PB 生産を受託するのはなぜか、『金沢学院大学
紀要. 経営・経済・情報・自然科学編』、11、1-9。

緒方智之・田口佳世（2015）『セブンプレミアム進化論　なぜ安くしなくても売れ
るのか』朝日新聞出版。

小川進（2003）商品開発体制に与えたコンビニ台頭のインパクト.『国民経済雑誌』,
188（6）36-51。

加藤鉱（2009）『まやかしだらけのプライベートブランド』. 講談社

梶原勝美（2014）PB（プライベート・ブランド）流通革命、『専修大学商学研究所
報』、46（5）、1-37。

懸田豊（2013）小売流通の変革と PB 戦略、『商学論究』、60（4）、119-134、関西
学院大学商学研究会。

神谷渉（2017）欧米大手小売業の PB 戦略、『生活協同組合研究』、Vol. 496、43-52。

神谷渉（2018）協働型プライベートブランドにおけるナショナルブランドの役割
―ナショナルブランドが知覚品質に与える影響―、『論叢　玉川大学経営学部紀
要』、29、17-27。

神谷渉（2020）日本におけるプライベートブランド市場拡大の可能性～食品表示法
による製造者表示の運用厳格化に着目して、『JSMD レビュー』、4（2）. 33-40。

川端庸子（2016）ドイツ系小売企業の市場参入とイギリスにおけるプライベート
ブランド戦略―イギリス系小売企業のビッグ 4 社（テスコ，セインズベリー，
アズダ，モリソンズ）とドイツ系小売企業のアルディとリドルの実態調査、『阪

南論集　社会科学編』、51（3）、177-191。

小林哲（2006）顧客視点の PB 分析―ブランド研究における伝統的二分法の再考.
『大阪市立大学経営研究』、56（4）、193-213。

重冨貴子（2015）日本における PB の展開状況と PB に対する消費者意識・態度の
変化、『流通情報』、47（1）、19-31。

清水聰（2002）検証　消費者行動（Ⅵ）―プライベートブランドの研究―、『流通
情報』、No. 401、36-47。

食品産業センター（2020）『令和元年度食品産業における取引慣行の実態調査報告
書』（https://www.shokusan.or.jp/wp-content/uploads/2020/07/ki-20200714-1.
pdf　2020年 8 月30日アクセス）。

住谷宏（2015）シェア NO. 1 メーカーは PB を供給すべきか？、『経営論集』、86.
11-14。

土橋治子（2010）プライベート・ブランド戦略の歴史的変遷、『青山経営論集』、
44（4）、113-130。

鶴見裕之（2009）プライベートブランドのインストア・シェア拡大要因、『流通情
報』、41（3）、22-26。

寺本高（2014）小売プライベートブランドの知覚品質とショッパーの意思決定―
クチコミしたくなる PB のスペックとは？、『流通情報』、46（3）、62-71。

戸田裕美子（2008）ブランド管理論への一考察：マークススペンサー社の PB 戦略
を中心に、『三田商学研究』、51（4）、209-224。

戸田裕美子（2014）ダイエー社とマークス・アンド・スペンサー社の提携関係に
関する歴史研究、『流通』、35、33-51。

内閣府消費者委員会食品表示部会（2015）.『食品表示基準案（消食表第229号　諮
問）に関する審議経過報告』（https://www.cao.go.jp/consumer/iinkaikouhyou/
2015/houkoku/1502_syokuhin_houkoku.html　2020年 3 月10日アクセス）。

中村博（2015）プライベートブランドの現状と論点、『流通情報』、47（1）、6-18。

根本重之（1995）『プライベート・ブランド―NB と PB の競争戦略―』中央経済
社。

野口智雄（1995）『価格破壊時代の PB 戦略』. 日本経済新聞社。

野中郁次郎・勝見明（2013）.野中郁次郎の成功の本質 Vol. 69セブンプレミアム、
『Works』、No. 120、リクルートワークス研究所。

水野清文（2016）『PB 商品戦略の変遷と展望』晃洋書房。

宮下雄治（2011）PB に対する消費者の知覚リスクと商品評価.『マーケティングジャーナル』、31（1）、80-96。

矢作敏行（1993）協働的マーチャンダイジングと取引構造：セブン-イレブンの場合（上）、『経営志林』、30（3）、59-72。

矢作敏行（1999）英国プライベート・ブランドの発展過程（上）、『経営志林』、36（3）、33-43。

矢作敏行（2000）英国プライベート・ブランドの発展過程（下）、『経営志林』、36（4）、21-32。

矢作敏行（2012）PB 製造受託事業論に向けて―食品メーカーの事例から―、『経営志林』、49（2）、15-35。

矢作敏行（編著）（2014）『デュアル・ブランド戦略―NB and/or PB』有斐閣。

結城祥（2014）『マーケティング・チャネル管理と組織成果』千倉書房。

和田充夫（1984）『ブランド・ロイヤルティ・マネジメント』同文舘。

渡部直樹（2010）ケイパビリティ論の性格と意義.『三田商学研究』、53（2）、83-100.

渡辺達朗（1997）『流通チャネル関係の動態分析』千倉書房。

渡辺達朗・久保知一・原頼利編（2011）『流通チャネル論―新制度派アプローチによる新展開』、有斐閣。

綿貫真也、川村晃司（2015）量販店自社開発商品（プライベートブランド）の"ブランド性"に関する実証的検討―セブンプレミアムとトップバリュに関する検討を中心として―、『マーケティングジャーナル』34（4）。

索　引

著者略歴

神谷　渉（かみや　わたる）

1997年　青山学院大学国際政治経済学部国際経営学科卒業。
2003年　青山学院大学大学院国際マネジメント研究科修士課程修了。
2021年　専修大学大学院商学研究科博士後期課程修了。博士（商学）。
アクセンチュア株式会社、公益財団法人流通経済研究所を経て、
現在、玉川大学経営学部国際経営学科准教授。
専門は、流通論、マーケティング（消費者行動論）。
主な著書に『中国・東南アジアにおける流通・マーケティング革新：内なるグローバリゼーションのもとでの市場と競争　（専修大学商学研究所叢書）』（共著、2015、白桃書房）、『中国流通のダイナミズム　内需拡大期における内資系企業と外資系企業の競争』（共著、2013、白桃書房）、『ショッパー・マーケティング』（共著、日本経済新聞出版社、2011）がある。

装丁：尾崎美千子

協働型プライベートブランド
―食品小売業におけるプライベートブランドの進化と消費者購買行動への影響―

2022年2月28日　第1版第1刷

著　者　神谷　渉
発行者　上原伸二
発行所　専修大学出版局
　　　　〒101-0051　東京都千代田区神田神保町3-10-3
　　　　　　　　　　　　　　　　（株）専大センチュリー内
　　　　電話 03-3263-4230（代）
印刷
製本　　亜細亜印刷株式会社